ANDREAS THALMAYR

LYRIK NERVT!

ANDREAS THALMAYR

LYRIK NERVT!

Ein Erste-Hilfe-Buch für alle,
die meinen, daß sie nichts mit
Gedichten anfangen können

CARL HANSER VERLAG

Für meine Töchter T. und T.
A.T.

Dieses Buch steht in der sogenannten alten Rechtschreibung.
Der Autor mochte nicht die Texte der zitierten Dichter reformieren,
und ein Buch in zwei Rechtschreibungen erschiene ihm verwirrend.

2. Auflage 2022

ISBN 978-3-446-24533-4

Neuausgabe 2014
Satz im Verlag
Druck und Bindung: TBB, a.s., Banská Bystrica
Printed in Slovak Republic

MIX
Aus verantwortungs-
vollen Quellen
FSC® C022120

INHALT

Erste Hilfe 7

Tanzstunde 13

Mama / Pyjama, Papa / Grappa 21

Baustelle 36

Freistil 48

Kunststücke 59

Kannitverstan 75

Selber machen 87

Literatur- und
Quellenverzeichnis 107

auch im übertragenen Sinne. Aber im Vordergrund steht meines Erachtens, das Mitleiden mit dem Tier selbst, mit der vom Menschen ~~eingesperrten~~ in den Käfig gesperrten Kreatur. Diese Kreatur hat zwar noch Kraft und einen „großen Willen", aber der Wille ist von der Gefangenschaft „betäubt". Irgendwann wird er ganz erlöschen, und wenn er erloschen ist, wird der Panther sterben. So ist das Gedicht eine bewegende Anklage gegen den Menschen, der Tiere zu seinem Vergnügen einsperrt und ihren Tod inkauf nimmt. Obwohl ~~es~~ fast hundert Jahre alt, ist es leider immer noch aktuell.

Z.

Satz unnötig kompliziert!! Z

Z Ungenau!

R Auch neu: in Kauf

Du gehst ganz von deiner persönlichen Erfahrung mit dem Gedicht aus – das ist legitim, kann aber nur der Anfang einer Gedichtinterpretation sein. Achte künftig schon bei der Gliederung (!) darauf. Sprachlich ordentlich, aber insgesamt zu schmalspurig angelegt: Rilke war kein Vorkämpfer der Tierschutzbewegung. Bei strenger Bewertung: Thema verfehlt!

4 Schie.

ERSTE HILFE

Sehr geehrter Herr Rilke,

ich habe mich leider sehr über Sie ärgern müssen! Sie sind schuld daran, daß ich einen Vierer geschrieben habe. Frau Dr. Schiedling, unsere Deutschlehrerin, hat uns am Donnerstag ein photokopiertes Gedicht von Ihnen hingeschmissen, und wir mußten eine Schulaufgabe darüber schreiben. Ich schicke Ihnen meinen Aufsatz, damit Sie selber sehen, was mir zu diesem Gedicht eingefallen ist. Viel ist es nicht. Ehrlich gesagt, ich weiß nicht, was Sie sich dabei gedacht haben!
Die Schiedling ist natürlich gleich über mich hergefallen. »Thema verfehlt!« hat sie gesagt, und alles hat sie mit ihrem Rotstift vollgekritzelt.
Seitdem will ich mit Gedichten überhaupt nichts mehr zu tun haben! Gedichte hängen mir zum Hals heraus! Entschuldigen Sie! Vielleicht können Sie gar nichts dafür, vielleicht ist ja nur die Schiedling daran schuld.
Hilfe!

Anna Jonas, Kastanienallee 12, Oberkappel

Diesen zornigen Brief an einen toten Dichter hat die fünfzehnjährige Anna in ihr Tagebuch geschrieben. Was ihr passiert ist, kann jeder und jedem passieren, der eine Schule von innen kennt. Eigentlich schade! Das Schlimmste ist nicht die Vier im Zeugnis; ehrlich gesagt, kann man auch mit einem Notendurchschnitt von 1,1 ein Blödian sein und bleiben. (Nicht, als hätten wir etwas gegen Klassenbeste. Auch Streber können gescheit sein!) Das Schlimme ist nur, daß so manche Deutschstunde einem die Lust austreibt, die Lust an den Wörtern und die Lust an der Freiheit, mit ihnen zu zaubern. Ohne Hausaufgaben, ohne Interpretation, ohne Fragebögen oder Ratschläge wie die hier:

Analysieren Sie ein beliebiges Gedicht. [...] Achten Sie im Text auf den *Sinngehalt*, kommunikative und gegenständliche Elemente des *Inhalts*, die *Bauform* und die *Sprache*. Achten Sie im einzelnen auf

1. den Zweck des Gedichts bzw. seine Hauptaussage (seinen Grundgedanken, seine Idee) und deren Verhältnis zu Untergeordnetem,
2. gedankliche (argumentative oder reflektierende) Textteile (mit generellen Aussagen und logisch-kausalen Konjunktionen) und ihren Stellenwert (beherrschend oder als Argument oder Kommentar dienend?), [...]
8. das Verhältnis iterativ-durativer und punktueller Wiedergabe und auf vorübergehende Vergegenwärtigung (Veranschaulichung) von sonst Abwesendem durch Deixis (bes. Präsens historicum), Detaillierung und affektive Gewichtung ...

... und so geht das unerbittlich weiter bis Punkt 27. Da kann einem schon der Appetit vergehen!

Ach, wenn es nur die Schule wäre! Aber nein, alle geben ihren Senf dazu. Alle möglichen Leute schreiben sich die Finger wund über Gedichte, und das hört sich dann oft reichlich ätzend an. Etwa so:

...lbstprodu
...ift, die Literatur, auch
... des Terminus auf die Malerei zunächst p...
...nannt der Ausdruck an jenen erweiterten Schriftbegriff, w...
... Theorie des Zeichens des Strukturalismus niederschlägt – Zeichen versta...
als Signifikant, als „Marke“ (marque). Weit eher als auf Freud, den Breton mehrfach
...führt, wäre sich deshalb auf die Lacansche Version der Psychoanalyse zu beziehen – ...
...issidenten und „eigentlichen Surrealisten“ der psychoanalytischen Bewegung. Nach i...
...weist sich die Ordnung des Unbewußten als Sprache – freilich keine, die spricht, die
...as ausdrückte und darin der Logik der Rationalität gehorchte, sondern eine, die sich u...
...llkürlich durch die Verkettung libidinöser Markierungen manifestiert: Denn es gi...
...hlechterdings keinen Anspruch“, wie Lacan sich ausdrückt, „der nicht irgendwie durc...
Engführungen des Signifikanten hindurch müßte“.[6] Folglich funktioniert die Sprach...
Unbewußten nicht als ein Diskurs, sondern als eine Rhetorik de...
torik verfährt sie schon dichterisch, und zwa...
...hetorischen Grundfigur...
...tion...

Oder so:

...wert gewinnt.
...verschiebung, Spiegelung, Sprung des artikulatorischen Materials stellen sich spontan aus der je erreichten Konstellation des Sprechereignisses, aus dem gegenwärtigen Gewicht des Ablaufs ein. Die Artikulationsorgane wandern von sich her genötigt von Einstellung zu Einstellung.
...nseren Beobachtungen zufolge verbraucht sich ... motorische Intensität eines solchen Ablaufs ...och sehr rasch, wenn sie nicht von neuen ...abelelementen, Bedeutungswerten, die nicht ...dem artikulatorischen Prozeß selbst spros... aufgeladen wird.
...semantischer Reduktion ist eine prägnante ...ulationsgestalt darauf aus, sich selbst zu er...n. Sie kann es, da mit der Reflexion auf ...itung auch die Erinnerung hinwegsinkt und ...Augenblick nur den benachbarten spiegelt, ...ndem sie sich selbst reproduziert, also ...“ bildet. Ihre Identität bewahrt die ...tionsform unter diesen Bedingungen...

...nicht durch starres Wiederholen, sonde... Abwandeln des
3. Der eben beschriebenen Form des artik...schen Ablaufs steht eine Reihenentwickl... genüber, die nicht vom artikulierenden ... blick und seiner sich wandelnden Wieder... getragen wird, sondern einer vorgegebene... faltungsregel folgt, deren Arbeit erst die ... weite einer Einzelgestalt enthüllt. Nach eine... stimmten metamorphotischen Regel bewegt ... die Ausgangsgestalt durch alle vorgezeichn... Formen und bringt dabei ein Ganzes hervor, ... den Grund seiner Vollständigkeit in sich trägt ... vorweist. Der ursprüngliche Bedeutungsw... das ehedem Bekannte mag unterwegs v... schwimmen und verschwinden beim Verschieb... der Signalordnung und die semantische Eber... ins Schwingen geraten. Doch indes die bekannt... Mitteilung diffus wird, bietet sich aus der ver... schobenen Zeichenordnung neue an, ist doch je... de konsequente Ordnung, scheinbar nur f... bestimmt, immer auch...

Überhaupt tun die allermeisten so, als wären Gedichte etwas ganz Besonderes, etwas für Eingeweihte, etwas, von dem die allermeisten gar nichts kapieren können. Und viele von uns fallen darauf herein und sagen sich: Das ist nichts für mich, damit kann ich nichts anfangen, vielen Dank, ich kaufe mir lieber einen Krimi oder einen Diät-Ratgeber oder einen Marokko-Reiseführer, aber auf keinen Fall einen Gedichtband. Ich komme ganz gut ohne Lyrik aus.

Aber das ist nicht wahr. Solche Leute machen sich etwas vor. Denn es gibt überhaupt kein Gehirn in der Welt, in dem es nicht von Gedichten wimmelt. Das kann ich beweisen! Den Fünfjährigen möchte ich sehen, der noch nie gehört hätte

> Alle meine Entchen
> schwimmen auf dem See …

oder

> Du kleine Fliege, wenn ich dich kriege …

oder

> Heile, heile Segen, drei Tage Regen …

Sogar die hartgesottenen Profi-Sportler, wenn sie auf dem Siegertreppchen stehen, brummeln mit, wenn die Nationalhymne erklingt, und die Nationalhymne – tut mir leid! – ist ein Gedicht, was man schon daran erkennen kann, daß sie sich reimt. Meine fromme Großmutter spult ihr Ave Maria herunter wie im Schlaf, und was ist das Ave Maria anderes als ein Gedicht? Gar nicht zu reden von den tausend Liedern, die in unseren Köpfen herumsummen! Ganz egal, ob es die Hitparade der Volksmusik mit ihren Wildecker Herzbuben und Kastelruther Spatzen ist oder irgendein alter Schlager, »Marmor, Stein und Eisen bricht«, »Was ich noch zu sagen hätte – dauert eine Zigarette«. Was dem einen sein Rock 'n' Roll, ist dem andern die letzte Schnulze aus den Charts. Ob Walkman oder Autoradio, überall Gedichte: I can't get no satisfaction, Madonna, Reggae, Tote Hosen – lauter Ohrwürmer, lauter Verse, für jeden etwas, ziemlich mühelos, ganz ohne Kommentar, ohne Seminararbeiten, ohne Terror.

Am besten also, wir vergessen erst einmal, was man uns eingebleut hat, und fangen von vorne an. Ganz von vorne. Mit dem, was jeder von uns schon immer geahnt hat, ohne daß es uns ein Deutschlehrer erklärt hätte. Zum Beispiel: Woher wissen wir eigentlich, ob ein Text ein Gedicht ist oder nicht?
Es gibt ein berühmtes Theaterstück von Molière, in dem sich der Verfasser über einen armen Neureichen lustig macht. Dieser Herr Jourdain interessiert sich für eine Dame aus den besten Kreisen; er möchte ihr einen Liebesbrief schreiben. Aber wie? Er hat einen Philosophen engagiert, der ihm dabei helfen soll.

Der Philosoph: Das läßt sich machen.
Jourdain: Etwas Romantisches, wenn möglich.
Der Philosoph: Selbstverständlich. Haben Sie an Verse gedacht?
Jourdain: Nein, nein. Verse auf keinen Fall.
Der Philosoph: Also keine Poesie, sondern einfach Prosa.
Jourdain: Nein, Prosa auch nicht.

Der Philosoph: Für eins von beiden müssen Sie sich schon entscheiden.
Jourdain: Warum?
Der Philosoph: Aus dem einfachen Grund, daß es nichts anderes gibt.
Jourdain: Wieso?
Der Philosoph: Die Sache verhält sich folgendermaßen. Wenn etwas nicht Prosa ist, dann ist es Poesie, und wenn es nicht Poesie ist, dann ist es Prosa.
Jourdain: Und wenn man einfach so daherredet, was dann?
Der Philosoph: Dann ist das Prosa.
Jourdain: Das kann nicht sein. Wenn ich zum Beispiel sage: Nicole, bring mir meine Hausschuhe und leg mir ein frisches Handtuch heraus – das soll Prosa sein?
Der Philosoph: Aber sicher.
Jourdain: Na so was! Dann rede ich also seit vierzig Jahren Prosa und merke es nicht! Es ist wirklich höchste Zeit, daß mir jemand Bescheid sagt.

Ziemlich unfair, wie der Philosoph seinen Kunden aufs Kreuz legt, nur weil er ein paar griechische Wörter kennt, von denen der Selfmade-Mann nie gehört hat. Das kann uns natürlich nicht passieren. Wir brauchen ja nur ein Buch aufzuschlagen, und schon sehen wir auf den ersten Blick, ob die Zeilen über die ganze Seite laufen oder ob da auf dem rechten Rand viel leerer Platz bleibt. Fortlaufender Text: Prosa. Abgehackte Zeilen: jede Zeile ein Vers, also Poesie. Aber ganz so einfach ist die Sache nicht. Hier zum Beispiel haben wir zwei Texte, beide mit abgehackten Zeilen, und jetzt frage ich mich und euch: Welcher von beiden ist ein Gedicht?

Ein Hyperlink auf einer Webseite
Kann daher einer Datei entsprechen,
Die sich auf einem FTP-Server befindet
Und per Mausklick auf einen PC

Nacht ist wie ein stilles Meer,
Lust und Leid und Liebesklagen
Kommen so verworren her
In dem linden Wellenschlagen.

Heruntergeladen wird. Die meisten Browser
Unterstützen darüber hinaus
Den direkten Zugriff auch auf andere
Internet-Dienste, etwa auf FTP.

Wünsche wie die Wolken sind,
Schiffen durch die stillen Räume,
Wer erkennt im lauen Wind,
Obs Gedanken oder Träume? –

Von Poesie ist im Computer-Handbuch nichts zu spüren. Dagegen »Wünsche wie die Wolken sind« – das hört sich ganz nach einem Vers an, noch dazu ist es einer von Joseph von Eichendorff, einem berühmten Romantiker.
Der Zeilenbruch allein bringt es also nicht, sonst könnte man ja jeden beliebigen Text so drucken, als wäre er ein Gedicht. Genau das hat ein Verfasser namens Peter Handke vor ungefähr fünfunddreißig Jahren getan. Damals hat er uns das folgende Gedicht vorgesetzt:

Die Aufstellung des 1. FC Nürnberg vom 27.1.1968

WABRA

LEUPOLD POPP

LUDWIG MÜLLER WENAUER BLANKENBURG

STAREK STREHL BRUNGS HEINZ MÜLLER VOLKERT

Spielbeginn: 15 Uhr

Das hat er aber nur gemacht, um uns zu ärgern. Wir haben gelacht, aber wir sind nicht darauf hereingefallen.
Also: Daß die Zeilen nicht das ganze Blatt ausfüllen, das allein macht noch lange kein Gedicht!

TANZSTUNDE

Es muß noch etwas anderes dazukommen, nämlich, daß die Wörter und die Sätze zu tanzen anfangen. Wie das geht, dazu haben sich die Menschen schon vor ein paar tausend Jahren allerhand raffinierte Tricks einfallen lassen. In den Lehrbüchern sieht das so aus:

v – v – v – v –
Ochse, **deut**scher **Jüng**ling, **end**lich,

v – v – v – v
Reite **dei**ne **Schwän**ze **nach**;

v – v – v – v –
Einst be**reust** du, **daß** du **schänd**lich

v – v – v – v
Hast ver**trö**delt **man**chen **Tag**!

Zugegeben, kein so dolles Gedicht, obwohl es von einem großen Dichter stammt – von Heinrich Heine nämlich. Die kleinen v-Häkchen sollen uns zeigen, welche Silben wir betonen, und die Striche, wo wir die Stimme sinken lassen sollen. Manchmal wird einem die Sache auch mit Kreuzchen (einmal mit und einmal ohne ´ auf dem x) oder mit kleinen Schüsselchen (˘) und Gedankenstrichen über den Silben beigebracht, nur daß in diesem Fall die Striche lange und die Schüsselchen kurze Silben bedeuten. Ziemlich verwirrend, das Ganze:

˘ – ˘ – ˘ – ˘ –

Der Tor, der lahmt auf einem Bein,

˘ – ˘ – ˘ – ˘

Das ist gar nicht zu leiden,

˘ – ˘ – ˘ – ˘ –

Schlagt ihm das andre Bein entzwei,

˘ – ˘ – ˘ – ˘

So hinkt er doch auf beiden!

(Hört sich nicht besonders romantisch an, ist aber von Herrn von Eichendorff, dem mit den Wünschen, die wie die Wolken sind.)
Die Frage ist nun aber: brauchen wir all diese Häkchen und Schüsselchen überhaupt? Müssen wir die schönen griechischen Wörter wirklich auswendig lernen, die da auf dem Lehrplan stehen:

1. Der *Jambus*
2. Der *Trochäus*
3. Der *Daktylus*
4. Der *Anapäst?*

Also wenn ihr mich fragt – aber mich fragt ja keiner –, ich würde sagen: Das muß nicht sein. Es reicht, wenn ihr eure Fingerspitzen nehmt und ein bißchen auf die Tischplatte trommelt.

Nummer 1:
tam-TAM / tam-TAM / tam-TAM / tam-TAM,
also: »Der Tor, der lahmt auf einem Bein«;
Nummer 2:
TAM-tam / TAM-tam / TAM-tam / TAM-tam,
zum Beispiel: »Ochse, deutscher Jüngling, endlich«;

Nummer 3:

TAM-tam-tam / TAM-tam-tam / TAM-tam-tam,
wie in »Morgenrot, Morgenrot, leuchtest mir zum frühen Tod«;

Nummer 4:

tam-tam-TAM, tam-tam-TAM, tam-tam-TAM,
meinetwegen: »Und es wallet und siedet und brauset und zischt«.

Aber das hört man doch! Da braucht man doch keine Häkchen! Übrigens sprechen die Gelehrten selber immer von »Versfüßen«, von »Hebung und Senkung« – also: nichts anderes als das, was beim Tanzen passiert. Salsa, Hip-Hop, Swing, Tango, Walzer, das lernt man nicht im Seminar, das hat man im Ohr und in den Beinen. Selbst die Fische, die gar keine Füße haben, können dabei, wie Christian Morgenstern in einem unübertroffenen Gedicht gezeigt hat, ohne weiteres mithalten:

Fisches Nachtgesang

—
◡ ◡
— — —
◡ ◡ ◡ ◡
— — —
◡ ◡ ◡ ◡
— — —
◡ ◡ ◡ ◡
— — —
◡ ◡ ◡ ◡
— — —
◡ ◡
—

Fisches Nachtgesang: das tiefste deutsche Gedicht

Kann man *Fisches Nachtgesang* vorlesen? Wie würde sich das anhören? Vielleicht so:

blubb
blibb blibb
blubb blubb blubb
blibb blibb blibb blibb … ?

Außerdem, wenn man genau hinhört, dann stimmt das Schema meistens gar nicht. Ein Gedicht ist kein Uhrwerk, und der es schreibt, kein Automat. Sehr witzig hat sich über das sture Silbenzählen der alte Dadaist Hans Arp lustig gemacht, nicht, indem er darauf schimpft, sondern indem er es auf die Spitze treibt:

Sekundenzeiger

daß ich als ich
ein und zwei ist
daß ich als ich
drei und vier ist
daß ich als ich
wieviel zeigt sie
daß ich als ich
tickt und tackt sie
daß ich als ich
fünf und sechs ist
daß ich als ich
sieben acht ist
daß ich als ich
wenn sie steht sie
daß ich als ich
wenn sie geht sie
daß ich als ich
neun und zehn ist

daß ich als ich
elf und zwölf ist

Keine betonte Silbe ist, streng genommen, der andern gleich. Genau wie man einen guten Schlagzeuger daran erkennt, daß er nicht mechanisch vor sich hintrommelt, so wehrt sich auch jeder Dichter, der nicht hoffnungslos unbegabt ist, gegen das schlichte TAM-tam-TAM-tam-TAM-tam.
Wo, zum Beispiel, gehören in den folgenden Zeilen die Häkchen und wo die Striche hin? Wenn man es laut nach dem sturen Schema (Häkchen-Strich-Häkchen-Strich) liest, würde sich's so anhören:

Kennst **du** das **Land**? wo **die** Zi**tro**nen **blühn**,
Im **dun**keln **Laub** die **Gold**-O**ran**gen **glühn**,
Ein **sanf**ter **Wind** vom **blau**en **Him**mel **weht**,
Die **Myr**te **still** und **hoch** der **Lor**beer **steht**,
Kennst **du** es **wohl**?
Da**hin**! Da**hin**!
Möcht **ich** mit **dir**, o **mein** Ge**lieb**ter, **ziehn**.

Aber das wäre schade, und einigermaßen sinnlos. Dr. Goethe hatte nämlich sehr empfindliche Ohren, und wir sind auch nicht gerade taub. Deshalb lesen wir das Liedchen so:

Kennst du das Land? wo die Zi**tro**nen **blühn**,
Im dunkeln **Laub** die **Gold**-Orangen **glühn**,
Ein sanfter **Wind** vom blauen **Him**mel **weht**,
Die Myrte **still** und **hoch** der **Lor**beer **steht**,
Kennst du es **wohl**?
Dahin! Da**hin**!
Möcht ich mit **dir**, o mein Ge**lieb**ter, **ziehn**.

Also hat der Dichter seine Verse gewissermaßen gegen die Striche geschrieben; er hat das Schema zugleich benützt und sabotiert. Nur auf diese Weise atmen seine Zeilen, nur so kommt Musik in sein Lied!
Um das zu kapieren, braucht man kein Klassiker zu sein. Nicht nur die ausgebufften Damen und Herren, die das Dichten zu ihrem Hauptberuf gemacht haben, verstoßen mit Vorliebe gegen das Ticktack und Tamtam des Silbengerüstes. Das können auch die Namenlosen, die früher, als es noch kein Copyright gab, immer ein Liedchen auf den Lippen hatten. Sie nahmen dabei durchaus keine Rücksicht auf das Versmaß, auch *Metrum* genannt, das die Schüsselchen und Kreuzchen so ordentlich auf die Reihe bringen. Sie hielten sich – holterdipolter – mit Vorliebe an den sogenannten *Knittelvers.* Das hört sich so an:

Lache nicht, lache nicht, deine rote rote Schuh
Werden dich wohl drücken, sind eng genug dazu.
O Weiele weh, o Weiele weh!
Ach was weinet die schöne Braut so sehr.
Wenn die andern tanzen gehn,
Wirst du bei der Wiege stehn.

Aber auch die Herren Klassiker haben, als sie noch keine Klassiker waren, oft auf Jambus, Anapäst etc. etc. gepfiffen und ihre Verse dahinrappeln lassen, als ginge es über Stock und Stein. Sogar der berühmte *Faust* redet in Knittelversen:

Heiße Magister, heiße Doktor gar,
Und ziehe schon an die zehen Jahr,
Herauf, herab und quer und krumm
Meine Schüler an der Nase herum –
Und sehe, daß wir nichts wissen können …

Und in dem berühmten Stück *Die Verfolgung und Ermordung Jean Paul Marats* von Peter Weiss ruft der Direktor des Irrenhauses uns in absichtlich scheppernden Versen zu:

Als moderne und aufgeklärte Leute
sind wir dafür daß bei uns heute
die Patienten der Irrenanstalt
nicht mehr darben unter Gewalt
sondern sich in Bildung und Kunst betätigen
und somit die Grundsätze bestätigen
die wir einmal im feierlichen Dekret
der Menschenrechte für immer geprägt …

Aber Vorsicht! Wenn der liebe Dichter nicht genau hinhört, kann das Knitteln und Rütteln leicht danebengehen. Niemand hat ein schöneres Beispiel dafür gegeben, was passiert, wenn man nicht aufpaßt, als eine Schweizer Dame namens Mary Stirnemann-Zysset, die im vergangenen Jahrhundert einen Privatdruck mit ihren Gedichten veröffentlicht hat. Dieses wunderbare Bändchen heißt *Sonnenschein im täglichen Leben* und hat es wirklich in sich. In den Versen der Dichterin rasselt und rumpelt es, als tobte sich ein Dutzend wildgewordener Mäuse in einem Schuhkarton aus:

Seltsame Rettung

Nahe dem Bahngeleise
Die Mutter ist im Gespräche tief;
Das Kind unbeachtet lief
Auf die Schienen leise.

Dort spielend in vergnüglicher Weise
Augenblicklich der Schnellzug einlief,
Über das Kind hinweg er pfiff!
Die Mutter wohl in Angst und Schweiße!

Zermalmt das Kind wohl schauerlich!
Doch nein! Es kroch hervor
Wohl verwahrt und unversehrt.

Es hatte sich so förderlich
Zwischen die Schienen geduckt zuvor,
Unglück ihm sein Engel hat verwehrt.

MAMA/PYJAMA, PAPA/GRAPPA

Noch etwas anderes ist schiefgegangen bei Frau Stirnemann-Zysset. Sicher hat sie sich gedacht: Zu einem ordentlichen Gedicht gehört, daß es sich reimt. Und tatsächlich haben wir uns bisher an diese Faustregel gehalten. Warum eigentlich? Gibt es nicht Tausende, was sag ich, wahrscheinlich Millionen von Gedichten, die ganz gut ohne Reim auskommen? Ein unerhört altes, unerhört berühmtes und unerhört langes fängt zum Beispiel so an:

> Sage mir, Muse, die Taten des vielgewanderten Mannes,
> Welcher so weit geirrt, nach der heiligen Troia Zerstörung,
> Vieler Menschen Städte gesehen und Sitte gelernt hat,
> Und auf dem Meere so viel' unnennbare Leiden erduldet …

Wer das geschrieben hat, weiß man nicht so genau; man hat sich darauf geeinigt, ihn Homer zu nennen; jedenfalls beginnt mit diesen Zeilen die *Odyssee*, eine äußerst starke Story, besser als jedes Drehbuch – und das alles ohne einen einzigen Reim! Die Griechen und die Römer haben überhaupt nichts davon gehalten, *Herz* auf *Schmerz* und *schlecht* auf *recht* zu reimen, und auch andere Völker, ich weiß nicht genau welche, sind ganz gut ohne solche Tricks ausgekommen.
Nur bei uns haben sich die meisten Dichter jahrhundertelang ein Vergnügen daraus gemacht, am Ende der Zeile – und manchmal sogar mittendrin – das eine Wort aufs andere wie ein Echo antworten zu lassen. Reim dich, oder ich freß dich! Manchmal hört sich das entsetzlich geschraubt und feierlich an:

Hernieder steig ich eine marmortreppe ·
Ein leichnam ohne haupt inmitten ruht ·
Dort sickert meines teuren bruders blut ·
Ich raffe leise nur die purpurschleppe.

Und manchmal komisch:

Veronika, der Lenz ist da,
Die Vögel singen, tralala,
Die ganze Welt ist wie verhext,
Veronika, der Spargel wächst!

Wozu das ganze Reimen gut ist? Dafür fallen mir mindestens drei Gründe ein. Erstens: Weil die Lust an der Verdoppelung zu unseren frühesten Erfahrungen mit der Sprache gehört; schließlich haben wir alle mal *mama* und *dada* und *bäbä* und *wauwau* und *hamham* und *baba* gebrabbelt, und ein Rest von dieser Babysprache überlebt vermutlich noch im Hirn des raffiniertesten Wortkünstlers. Zweitens: Weil man sich Verse leichter merken kann als Prosa. Wer kann schon die Gebrauchsanweisung für die Mikrowelle auswendig? Dagegen hat jeder von uns ein paar Dutzend Lieder im Kopf. Ganz früher, als die meisten Menschen weder schreiben noch lesen konnten, war man auf sein Gedächtnis angewiesen, und alles, was man wußte, wußte man vom Hörensagen. Einer erzählte es dem andern, die Mutter dem Kind, der Meister dem Schüler und so weiter … Das Weltwissen war nicht im Buch und nicht auf der Festplatte gespeichert, sondern im Hirn. Und dabei waren natürlich die Ohrwürmer im Vorteil. Ohne den Tanz der Worte ging da gar nichts! Ohne das TAM-tam, ohne die Musik der Verse, hätten die Leute wahrscheinlich das meiste schnell vergessen. Übrigens ist es erst zwei Jahrhunderte her, daß die Menschen sich angewöhnt haben, leise zu lesen. Davor hat man sich Gedichte stets laut zu Gemüte geführt, und diese alte Gewohnheit überlebt bis heute im Ritual der Dichterlesung, im Radio und im Boom der Hörbücher. Wer sich eine CD anhört, kann dabei bügeln oder Auto fahren oder kochen, ohne daß ihm dabei ein Buch in die

Quere kommt. Auch daran liegt es wohl, daß uns die Vorliebe für den Reim nicht so leicht abhanden kommen wird. Er verfolgt uns heute noch, von der Wiege bis zur Bahre,

im Kindergarten:

Pumpernickel, Kirschenstein,
die Mutter packt mich fest am Bein,
zieht mich in das Ofenloch.
Guckuck, Mutter, ich lebe noch!

in der Reklame:

Im Falle eines Falles
klebt Uhu wirklich alles

auf dem Schulhof:

Banane Zitrone
An der Ecke steht ein Mann
Banane Zitrone
Er lockt die Mädchen an
Banane Zitrone …
Alalalabamba,
[z.B. die Hanna] die ist schwanger.
So ein Theater!
[z.B. der Joachim] ist Vater

und in neuen ebenso wie in uralten Schlagern:

Ich wollt' ich wär ein Huhn,
ich hätt' nicht viel zu tun.
Ich legte täglich nur ein Ei
und sonntags auch mal zwei!

Ein dritter Grund dafür, daß die Dichter sich jahrhundertelang an den Reim gehalten haben, ist, glaube ich, der, daß ihnen dabei Dinge eingefallen sind, auf die sie sonst nie im Leben gekommen wären. Der Reim ist nämlich auch eine Ideen-Maschine. Er knüpft die unwahrscheinlichsten Verbindungen und bringt die tollsten Einfälle hervor.

Stellt euch vor, ihr geht, wie jeden Abend, irgendwann ins B**ett**, und vor dem Einschlafen fragt ihr euch, was sich darauf wohl alles reimt. Unglaublich, was dabei alles zum Vorschein kommt. Der reinste Surrealismus:

> Ein Du**ett** im Fal**sett**; ein Bu**kett** im Kor**sett**; ein Ba**rett** – vio**lett**; ein Ra**kett** im Tennis-**Set** – führt man nicht wie ein Flo**rett**; für den **Jet-Set** ein Ban**kett**; im Bal**lett** – ein Menu**ett**; das Wasser**bett** ist ganz a**drett**; das Kote**lett** – nicht allzu **fett**; ein Bri**kett** liegt auf dem **Brett**; das Quin**tett** – spielt sehr **nett**; ein Eti**kett** auf dem Jac**kett**; ein Ske**lett** im Laza**rett**; ein Sti**lett** im Kabi**nett**; ein Sow**jet** mit Bajo**nett**; im Klo**sett** ein Amu**lett**; kein Rou**lette** im Mina**rett**; ein Spi**nett** auf dem Par**kett**; ein Ome**lett** auf dem Ta**blett**; die Liste ohne Inter**net** ist noch lange nicht – kom**plett**!

Wie man sieht, können Reime nicht nur Sinn produzieren, sondern auch Nonsense. Ein Meister dieser Kunst war der Engländer Edward Lear. Wer sein Gedicht *Der Hadschi von Qass* richtig lesen will, der muß die Reimwörter, die GROSS geschrieben sind, aus vollem Halse rufen; am besten aber ist es, man schreit sie im Chor:

Wer, oder wo, oder wie, oder was ist der Hadschi von Qass?
Ist er fett oder schlank? Ist er frisch
oder tot?
Hat er zwei Ohren, riesig und rot, oder BLASS,
der Hadschi von Qass?

Pfeift er abscheuliche Lieder vor?
Oder singt er Fistel, oder Tenor, oder BASS,
der Hadschi von Qass?

Ist ihm das Leben ein Hochgenuß?
Machen ihm Hühneraugen Verdruß, oder SPASS,
dem Hadschi von Qass?

Watschelt er oft wie ein Pinguin?

Nimmt er alles genau, oder ist auf ihn kein VERLASS,
auf den Hadschi von Qass?

Meint er's mit seinen Kindern gut,
oder haut er sie, rasend vor Wut, oder HASS,
der Hadschi von Qass?

Vielleicht geht er überhaupt nie
ins Bett?
Und wie benimmt er sich? Höflich
und nett, oder KRASS,
der Hadschi von Qass?

Er ist und bleibt, ich weiß wirklich
nicht was.
Das weiß kein Mensch, kein Mensch
weiß das, als der Hadschi von Qass.

Es müssen nicht einmal ganze Wörter sein, was da am Ende der Zeile aufeinandertrifft. Eine deutsche Combo, genannt *Die fantastischen Vier,* hat es fertiggebracht, einen ganzen Song nur aus einer Buchstabensuppe zu kombinieren, und noch dazu tadellos gereimt:

LTU, TNT und IRA, NTV, THW und DPA,
H&M, BSB und FDH, SOS, 110 tatütata!
SED, FDJ und KDW, FAZ, BWL und FDP,
EDV, IBM und WWW, HSV, VFB, olé olé!

Für den, der es noch genauer wissen will, was und wie sich alles reimen kann, und wie man's nennt, gibt es hier eine Liste:

weiblicher Reim: *lauern / mauern*
männlicher Reim: *Laus / Maus*
reicher Reim: *bunter Hund / kunterbunt*
rührender Reim: *knackt / beknackt*

gespaltener Reim: *Abitur / Pappi stur*
gebrochener Reim: *das raffinier- / te Tier*
Schüttelreim: *Himmelsgrausen / Grimmelshausen*
Binnenreim: *dumme Schweine, hundsgemeine*

Aber wozu der ganze Aufwand? Das hört man doch ganz von selber! – Um so besser!

Wer aber zu faul ist, sich alle Reime, die es gibt, selber auszudenken, der kann sie auch in einem dicken Buch, dem *Reimlexikon*, nachschlagen. Und wem auch das noch zu mühsam ist, der soll einfach ein Blatt Papier nehmen und darauf eine Liste schreiben, die so aussieht:

B
Bl
Br
Ch
Chl
Chr
D
Dr
F
Fl
Fr
G
Gl
Gn
Gr
H
J
K
Kl
Kn
Kr
L
M
N
P
Pf
Pfl
Pfr
Ph
Phl
Phr
Pr
Qu
R
S
Sch
Schl
Schm
Schn
Schr
Schw
Sp
Spl
Spr
St
Str
T
Tr
V
W
Z
Zw

Und jetzt probiert mal aus, was sich auf ein beliebiges Wort wie HUNDEKUCHEN reimt, oder auf ZUNGENBRECHER:

> Echer, **Becher**, Blecher, Checher, Chlcher, Chrecher, Decher (oder **Dächer**), Drecher, Fecher (oder **Fächer**), Flecher, **frecher**, Gecher, Glecher, Gnecher, Grecher, Hecher, Jecher, Kecher, Klecher, Knecher, Krecher, Lecher, Mecher, Necher, Pecher, Pfecher, Pflecher, Pfrecher, Phecher, Phlecher, Phrecher, Precher, Quecher, Recher (oder **Rächer**), Secher, Schecher (oder **Schächer**), Schlecher, Schmecher, Schnecher, Schrecher, Schwecher (oder **schwächer**), Specher, Splecher, **Sprecher**, **Stecher**, Strecher, Techer, Trecher, Vecher, Wecher, **Zecher**, Zwecher.

Bei diesem Lottospiel sind immerhin zehn Treffer herausgekommen! Wenn man es weitertreibt, dann stellt sich bald heraus, daß die Reimmaschine manchmal wie geölt läuft, manchmal aber einfach stottert oder ganz versagt. Viele deutsche Wörter ziehen einen seitenlangen Schwanz von Reimgeschwistern hinter sich her, zum Beispiel EIN oder AUS; aber bei anderen hapert es; mit ZWITSCHERN oder VÖGELN geht so gut wie gar nichts. Boshafterweise sind es manchmal gerade die wichtigsten Wörter, mit denen überhaupt nichts geht. Bei den DEUTSCHEN beispielsweise muß man schon einen berühmten Wiener Doktor bemühen, damit mit Ach und Krach ein Reim zustandekommt:

> Die Lehren, die Sigmund Freudschen,
> mißfielen so manchen Deutschen.

Und nach einem Reimwort auf MENSCHEN haben Generationen von Dichtern vergebens gesucht, bis Peter Rühmkorf, der größte Vers-Virtuose Deutschlands der jüngeren Zeit, auf die Idee kam, den Namen eines großen Vorgängers ins Spiel zu bringen:

Die schönsten Verse der Menschen
(nun finden Sie mal einen Reim!)
sind die Gottfried Bennschen …

Da ist allerdings noch eine Zeile dazwischen, also mußte sich der Dichter noch einen Reim auf REIM ausdenken. LEIM? KEIM? HEIM? SCHLEIM? Ich denke, das sollten wir ihm überlassen. Er wird schon was Passendes gefunden haben.

Man kann den Übermut aber auch noch weiter treiben. Müssen wir uns denn immer an den verflixten Duden oder an die langen Listen im Reimlexikon halten? »Ich denke gar nicht daran«, dachte sich Hochwürden Lewis Carroll, der Verfasser von *Alice im Wunderland* und *Alice hinter den Spiegeln*. Er hat sich seine Reimwörter einfach selber erfunden, so wie sie ihm gerade in den Kram paßten. Sein Gedicht *Jabberwocky* war ein voller Erfolg; fast alle englischen Kinder können es auswendig:

'Twas brillig, and the slithy toves
Did gyre and gimble in the wabe,
All mimsy were the borogoves,
And the mome raths outgrabe …

obwohl die wichtigsten Wörter, die in diesen Versen vorkommen, in keinem englischen Wörterbuch zu finden sind. Sein Übersetzer hat es genauso gemacht, und dabei ist ein ziemlich eigenartiges Deutsch herausgekommen. So hört sich bei ihm der *Jabberwocky* an:

Der Zipferlake

Verdaustig wars, und glasse Wieben
Rotterten gorkicht im Gemank;
Gar elump war der Pluckerwank,
Und die gabben Schweisel frieben …

»Es klingt recht hübsch«, sagte Alice, als sie damit zu Ende war, »nur ist es leider *etwas* schwer verständlich!« (Daß sie sich überhaupt keinen Vers darauf machen konnte, wollte sie nämlich nicht eingestehen, nicht einmal sich selbst gegenüber.) »Irgendwie kommen mir dabei lauter Gedanken in den Kopf – aber ich weiß nicht genau, welche!«

So kann es einem auch bei manchen anderen Gedichten gehen.

Muß sich eigentlich jede Zeile auf die nächste reimen? Das ist nicht gesagt. Es geht auch anders! Erstens kann es ungereimte Zeilen geben, die bezeichnet man mit einem kleinen x, und die gereimten heißen a, b, c und so fort. Daraus ergeben sich allerhand Möglichkeiten. Nämlich so:

aaaaaa (immer derselbe Reim a, bis ins Aschgraue – das wird aber auf die Dauer nicht nur mühsam, sondern auch ziemlich langweilig),
oder axaxax… (da reimen sich die ungeraden Zeilen 1, 3, 5…, und die geraden kommen ohne Reim aus),
abababab (zwei verschiedene Reime a und b, abwechselnd),
abcabcabc (drei verschiedene, a, b und c), in allen möglichen Kombinationen: aabbcc, abcabca …,
vier verschiedene: abcd abcd …,
und so weiter und so weiter …

Auch diese Möglichkeiten haben die Professoren säuberlich festgenagelt:

Kreuzreim: abab
Halber Kreuzreim: xaxa
Blockreim (auch: umarmender Reim): abba
Paarreim: aabbcc …
Schweifreim: aabccb

Da kann einem schon schwindlig werden; aber im nächsten Kapitel werden wir sehen, daß es auch für diesen Reim-Salat ein paar gut erprobte Regeln gibt, an die man sich – wenn man will – halten kann, damit Kraut und Rüben nicht ganz durcheinanderkommen.

Allerhand, was sich im Deutschen so aufeinander reimt. Aber damit haben sich die Dichter noch lange nicht zufriedengegeben! Denn bis jetzt haben wir uns immer ans Ende des Verses gehalten; doch es geht auch anders. Man kann nämlich auch mittendrin reimen, und das geht so:

> **Ilse Bilse**, keiner will se.
> Kam der Koch, nahm sie doch;

oder:

> Eine **starke**, schwarze **Barke**
> Segelt trauervoll dahin.
> Die **verstummten** und **vermummten**
> Leichenhüter sitzen drin.

Oder:

> Wenn der weiße **Flieder wieder** blüht …

Manche Dichter können es gar nicht lassen. Sie treiben es mit diesem Binnenreim so weit, daß man sich am Ende die Ohren zuhält:

> Im **Lenzen**, da **glänzen** die blümigen **Auen**,
> Die **Auen**, die **bauen** die perlenen **Tauen**,
> Die **Nymphen** in **Sümpfen** ihr Antlitz be**schauen** …

Der Verfasser nannte dieses Gedicht »Vorzug des Frühlings«, aber ich glaube, er wollte seinen Kollegen einfach mal zeigen, was er draufhatte!

Ja, und da wäre dann noch eine etwas heikle Sache, nämlich der Halbreim. Der kommt in vielen alten Liedern und Märchen vor, und dort klingt er gar nicht schlecht:

Kehr um, kehr um, du junge Br**au**t,
Du bist in einem Mörderh**au**s!

Reimt sich das, oder reimt sich's nicht? Wir mit unsern unerhört feinen Ohren bilden uns vielleicht ein, der Dichter hätte da ein bißchen danebengehauen. So was soll vorkommen:

Unser Blut sei nicht mehr der Raben
Und der nächt'gen Geier Fraß!
Erst wenn wir sie vertrieben haben,
Dann scheint die Sonn' ohn' Unterlaß …

so scheppert's in der *Internationale*. Auch beim Kampf ums Menschenrecht geht eben nicht alles glatt! Noch ärger hat es eine eifrige Dichterin erwischt:

Dichterleben, Himmelsg**a**b**e**,
Selbst im Unglück glückl**i**cher
Als die breiten, kot'gen Pf**a**d**e**
Der Gemeinheit sicherl**i**ch.

Der Pechvogel, der dieses Gedicht verfaßt hat, heißt Friederike Kempner, eine Autorin, die viel über das Glück nachgedacht hat:

Frohe Stunden

Pilz des Glücks ist dieser eine,
Jener Stiefpilz des Geschicks;
Einem sind als O die Beine,
Andern wuchsen sie als X.

Aber wenn einem der Halbreim nicht aus Versehen passiert? Wenn er Absicht ist? Dann hört sich das so an:

Und sie, die nach Ägypten fl**o**g**en**,
Die Schwalben, vier, vier Tage l**an**g,
Das Wasser unter sich – sie hingen **o**b**en**,
Und keine Schwinge tauchte, tr**an**k.

Ossip Mandelstam und Paul Celan – ein erstklassiger Dichter, von einem erstklassigen Dichter übersetzt! Die Russen haben eine Vorliebe für diese Technik, vielleicht kommt ihnen der perfekte Reim zu platt vor, und sie hätten es gern ein bißchen weniger aufdringlich. Auch nicht schlecht!
Andere wiederum, vor allem die Spanier in ihren Romanzen, halten sich an die Vokale; da genügt es dann schon, wenn ein O auf ein O, ein A auf ein A oder ein E auf ein E antwortet. Das funktioniert auch im Deutschen:

Als die Nacht war hingez**o**g**e**n,
Stand des Morgensternes F**a**ck**e**l
An dem stillen Horiz**o**nt**e**
Wie ein Irrlicht auf dem Gr**a**b**e**.

Warum nicht? Mit solchen *Assonanzen* kann man ganz schöne Wirkungen erreichen. Da ist Musik drin! Vor allem, wenn dieses Spiel mit den Vokalen so weit getrieben wird, daß eine ganze Strophe davon widerhallt:

Es s**a**ng vor l**a**ngen J**a**hren
Wohl **a**uch die N**a**chtig**a**ll,
D**a**s w**a**r wohl süßer Sch**a**ll,
D**a** wir zus**a**mmen w**a**ren …

Ernst Jandl hat es, wie immer, nicht lassen können, noch eins draufzusetzen; er kommt mit einem einzigen Vokal aus:

ottos mops

ott**o**s m**o**ps tr**o**tzt
otto: f**o**rt m**o**ps f**o**rt
ott**o**s m**o**ps h**o**pst f**o**rt
otto: s**o**s**o**

otto h**o**lt k**o**ks
otto h**o**lt **o**bst
otto h**o**rcht
otto: m**o**ps m**o**ps
otto h**o**fft

ott**o**s m**o**ps kl**o**pft
otto: k**o**mm m**o**ps k**o**mm
ott**o**s m**o**ps k**o**mmt
ott**o**s m**o**ps k**o**tzt
otto: **o**g**o**tt**o**g**o**tt

Und dann gibt es noch eine ganz andere Art zu reimen – nicht am Ende der Verse oder in ihrem Innern, sondern ganz am Anfang der Wörter:

Fischers **Fr**itz **f**ischt **fr**ische **F**ische
(da ist sogar noch ein Binnenreim drin! Habt ihr's gemerkt?), oder:
Die **d**icke **D**eern **dr**og **d**e **d**ünne **D**eern **d**orch **d**en **d**icken **Dr**eck.

Die Werbeleute haben sich natürlich auch diesen Trick nicht entgehen lassen:
Pack den **T**iger in den **T**ank! **B**itte ein **B**it! **G**eiz ist **g**eil!

Aber Moment mal! Dieser *Stabreim* – denn so heißt er – wurde nicht auf dem Schulhof oder in einer Werbeagentur erfunden. Wir haben es mit einer uralten, ehrwürdigen Methode zu tun. Diesen Trick haben vor mindestens tausend Jahren wahrscheinlich die Isländer erfunden (ganz genau weiß ich es auch nicht). Jedenfalls geht schon das älteste (alt)deutsche Gedicht, das wir kennen, souverän mit dem Stabreim um, und falls euch dieser Zauberspruch nie in irgendeiner Deutschstunde vorgesetzt worden ist oder falls ihr ihn vergessen habt, hier ist der Beweis:

Ben **zi** **b**ena, **bl**uot **zi** **bl**uoda,
lid **zi** **gel**iden, **s**o**s**e **gel**imida **s**in!

(Das heißt ungefähr: Knochen zu Knochen, Blut zu Blut, Glied zu Glied, so als wären sie wieder zusammengeleimt – eine Art »Heile, heile Segen«.)

Und bis auf den heutigen Tag denken die Dichter, die Rapper, die Musiker und die Slam Poets nicht daran, auf den Stabreim zu verzichten. Da braucht keine Feierlichkeit aufzukommen, eine **B**erliner Kneipe namens ***B****undeseck* tut es auch, und Günter Eich hat sie **b**esucht:

Dazu kann ich nicht viel **b**eitragen,
war **b**loß einmal da, fand das **B**ier
schlecht, die **B**uletten dito …

Zum Schluß jetzt noch schnell ein Reim-Rezept, das schon fast einer Zirkusnummer gleicht. Aber Vorsicht, es kann süchtig machen. Wer einmal damit angefangen hat, der wird es so leicht nicht wieder los. Ich meine den Schüttelreim, und der geht so:

Daß sich der Mensch so fade schinde,
das ist's, was ich so schade finde.

Ganz einfach, ihr braucht nur die Anfangskonsonanten zu vertauschen: längster/Gangster, geben/leben:

Für Derrick hat sich **l**ängst er**g**eben,
wie hirnlos deutsche **G**angster **l**eben.

Übrigens: der kürzeste deutsche Schüttelreim, lautet, soviel ich weiß, so:

Du **b**ist
Bu**dd**hist.

Ein stolzer norddeutscher Pastor, der mit dem Buddhismus nichts anfangen konnte, hat darauf eine ebenso kurze Antwort gefunden:

Ik **w**ar
Vikar.

BAUSTELLE

Die *Odyssee* hat über zwölftausend Zeilen, aber die Finnen erst! Die haben ein Nationalepos, das *Kalevala* heißt und das es auf beinahe 23 000 Verse bringt! Die meisten Dichter sind bescheidener. Ich schätze mal, daß 95 Prozent aller Gedichte auf einer Seite Platz haben. Das hat vieles für sich. Man spart auf diese Weise eine Menge Zeit und viel Papier. Im besten Fall kann man sogar behaupten: Lyrik ist die sparsamste literarische Form, die es überhaupt gibt. Christian Morgenstern hat es auf den Punkt gebracht:

Korf liest gerne schnell und viel;
darum widert ihn das Spiel
all des zwölfmal unerbetnen
Ausgewalzten, Breitgetretnen.

Meistes ist in sechs bis acht
Wörtern völlig abgemacht,
und in ebensoviel Sätzen
läßt sich Bandwurmweisheit schwätzen.

Es erfindet drum sein Geist
etwas, was ihn dem entreißt:
Brillen, deren Energieen
ihm den Text – zusammenziehen!

Beispielsweise dies Gedicht
läse, so bebrillt, man – nicht!
Dreiunddreißig seinesgleichen
gäben erst – Ein – – Fragezeichen!!

Das geht natürlich zu weit. Ein Fragezeichen, ein Wort, ein Vers, das ist noch lange kein Gedicht. Zwei Zeilen sind das Minimum, und tatsächlich gibt es einige Formen, die damit auskommen. Nicht nur der Schüttelreim faßt sich kurz, auch das *Rätsel* braucht wenig Platz:

Möcht wohl wissen, wer das ist,
der immer mit zwei Löffeln frißt;

das *Distichon*, ein Doppelvers, von den Griechen und den Römern erfunden und von den Herren Goethe und Schiller gern benutzt, um diejenigen zu ärgern, die sie nicht leiden konnten, zum Beispiel gewisse Professoren:

Wissenschaft

Einem ist sie die hohe, die himmlische Göttin, dem andern
Eine tüchtige Kuh, die ihn mit Butter versorgt;

und dann das *Haiku*, ein lyrischer Dreizeiler, auf den sich die Japaner verlegt haben; es sieht nach nichts aus, folgt aber einer strengen Regel (fünf Silben in der ersten, sieben in der zweiten, wieder fünf in der dritten Zeile) und hat den Reiz einer Tuschezeichnung:

Am alten Weiher
ein Frosch der ins Wasser springt –
klatschnasse Musik
(Matsuo Basho, 1644-1694)

oder:

Den Mond im Fenster
hat der Dieb der das Haus leert
zurückgelassen
(Ryôkan, 1756-1851)

Auch, wenn Morgenstern das Gegenteil behauptet – nicht alles ist in zwei bis drei Zeilen abgemacht! Ein bißchen mehr darf es schon sein. Sonst kann dem Sänger leicht die Luft ausgehen, und das hört sich dann ziemlich armselig an:

Kennt ihr das Lied, kennt ihr das Lied
von dem versoffnen Fahnenschmied?
Das ist das Lied, das ist das Lied
von dem versoffnen Fahnenschmied!

Da haben sich die Dichter schon mehr Mühe gegeben. Nicht die einzelne Zeile macht das Lied, sondern erst das, was entsteht, wenn mehrere Verse zusammengespannt werden. So entsteht die *Strophe*. Und meistens ist es mit einer Strophe nicht getan! Das weiß jeder, der an Weihnachten steckenbleibt, weil er nur noch den Anfang von »O Tannenbaum« auswendig kann und die zahllosen andern Strophen vergessen hat, ganz zu schweigen von »Einigkeit und Recht und Freiheit« und von den Kirchenliedern, deren Nummern ganz vorn neben dem Altar auf einer schwarzen Tafel angeschrieben sind. Die meisten Songs haben einen Refrain, der den Vorteil hat, daß er immer gleichbleibt, weshalb man sich ihn leichter merken kann:

We all live in a yellow submarine,
yellow submarine,
yellow submarine …

Da ist er wieder, der Ohrwurm! Das haben Lieder so an sich: wenn sie gut sind, wird man sie nie wieder los. Die meisten reimen sich, aber sonst gibt es keine feste Regel, wie ihre Strophen aussehen sollen. Deshalb hat es keinen Zweck, sie in verschiedene Sorten einzuteilen, mit Etiketten zu versehen und säuberlich in kleinen Glaskästen auszustellen wie aufgespießte Schmetterlinge.

Lieder, die eine Geschichte erzählen, nennt man *Balladen*. Wer in der

Schule den »Erlkönig« oder den »Taucher« auswendig gelernt hat, der weiß davon wahrscheinlich ein Lied zu singen; aber er sollte froh sein, denn oft sind das unvergeßliche Glanznummern, genauso gut wie »Midnight Rambler« der Rolling Stones oder Randy Newmans »Political Science«. Viele Balladen hören sich altmodisch an, hauen aber voll rein:

> Das gellende Lachen verstummte zumal;
> Es wurde leichenstill im Saal …
> Belsatzar ward aber in selbiger Nacht
> Von seinen Knechten umgebracht.

Grusel, grusel! Oder:

> Das Schiff geborsten. Das Feuer verschwelt.
> Gerettet alle. Nur *einer* fehlt!

Der reinste Film! Auch nicht schlecht:

> Was riecht hier so? Es riecht, als wenn man stirbt!
> In mildem Licht sprach Jakob Apfelböck:
> Es ist das Kalbfleisch, das im Schrank verdirbt.

Das geht mindestens ebensogut auf englisch. Da braucht man nur einem Song von Neil Young zuzuhören oder dem alten schottischen Lied von den *Drei Raben:*

> There were three ravens sat on a tree,
> They were as black as black might be.
> The one of them said to his mate, — *mate* = Kamerad
> Where shall we our breakfast take?
>
> Down in yonder green field, — *yonder* = da drüben
> There lies a knight slain beneath his shield. — *slain* = erschlagen
> His hounds they lie down at his feet, — *hound* = Jagdhund
> So well they do their master keep.

His hawks they fly so eagerly,
No other fowl dare come him nigh.
Down there comes a fallow doe
As great with young as might she go.

fowl = Vögel

fallow doe = Reh, Hirschkuh

She lifted up his bloody head
And kissed his wounds that were so red.
She got him up upon her back
And carried him to earthen lake.

lake = Grube?

She buried him before the prime
She was dead herself ere evening-song time.
God send every gentleman
Such hawks, such hounds, and such a leman.

prime = Morgen-,

evening-song = Abendgebet

leman = Geliebte

Die Ballade verlangt kein strenges Strophenschema. Lange oder kurze Zeilen, mit Refrain oder ohne, Kreuz- oder Paarreim – Hauptsache, es gibt eine saftige Geschichte zu erzählen. Soviel Freiheit gefiel aber nicht allen Poeten. Warum einfach, sagten sie sich, wenn es auch kompliziert geht! Dieser Ehrgeiz ist gar nicht so sonderbar. Jeder Künstler will schließlich auch mal zeigen, was er kann. Ein guter Jongleur begnügt sich auch nicht mit zwei Tellern; er wirbelt sieben, neun, elf davon in die Höhe und fängt sie alle wieder auf.

Das berühmteste dieser Kunststücke ist das *Sonett*. Aufgebracht haben es wahrscheinlich die Sizilianer vor ungefähr achthundert Jahren, und seitdem hat so gut wie jeder Dichter, der zu den Champions gehören wollte, in dieser Liga mitgespielt. Dante, Petrarca, Michelangelo, Shakespeare, Gryphius, Eichendorff, Heine, Rückert, Platen, na ja, und so immer weiter, bis zu Rilke, Heym, Brecht und Rühmkorf …

Ein Sonett besteht aus genau vier haarscharf gereimten Strophen und besteht aus vierzehn Zeilen, keiner mehr und keiner weniger. Und das ist noch lange nicht alles! Die beiden ersten Strophen müssen nämlich aus je vier, die beiden letzten aus je drei Versen bestehen, so streng sind hier die Bräuche. Und oft wird dabei ein sehr ernster Ton angeschlagen, wie bei Andreas Gryphius, der den Dreißigjährigen Krieg miterlebt hat:

Menschliches Elende

Was sind wir Menschen doch? Ein Wohnhaus grimmer Schmerzen, (a)
Ein Ball des falschen Glücks, ein Irrlicht dieser Zeit, (b)
Ein Schauplatz herber Angst, besetzt mit scharfem Leid, (b)
Ein bald verschmelzter Schnee und abgebrannte Kerzen. (a)

Dies Leben fleucht davon wie ein Geschwätz und Scherzen. (a)
Die vor uns abgelegt des schwachen Leibes Kleid (b)
Und in das Totenbuch der großen Sterblichkeit (b)
Längst eingeschrieben sind, sind uns aus Sinn und Herzen. (a)

Gleich wie ein eitel Traum leicht aus der Acht hinfällt (c)
Und wie ein Strom verscheußt, den keine Macht aufhält, (c)
So muß auch unser Nam, Lob, Ehr und Ruhm verschwinden. (d)

Was itzund Atem holt, muß mit der Luft entfliehn, (e)
Was nach uns kommen wird, wird uns ins Grab nachziehn. (e)
Was sag ich? Wir vergehn wie Rauch von starken Winden. (d)

Aber auch die frivole Phantasie des Dichters kann sich im Sonett austoben, wenn er etwa an seine Freundin denkt, die noch dazu ausgerechnet Lesbie heißt:

Er schauet der Lesbie durch ein Loch zu

Es dachte Lesbie, sie säße ganz allein,
Indem sie wohl verwahrt die Fenster und die Türen,
Doch ließ sich Sylvius den geilen Fürwitz führen
Und schaute durch ein Loch in ihr Gemach hinein.

Auf ihrem linken Knie lag ihr das rechte Bein,
Die Hand war höchst bemüht, den Schuh ihr zuzuschnüren.
Er schaute, wie der Moos Zinnober weiß zu zieren,
Und wo Cupido will mit Lust gewieget sein.

Es rufte Sylvius: Wie zierlich sind die Waden
Mit warmem Schnee bedeckt, mit Elfenbein beladen!
Er sahe selbst den Ort, wo seine Hoffnung stund!

Es lachte Sylvius. Sie sprach: Du bist verloren!
Zum Schmerzen bist du dir und mir zur Pein erkoren,
Denn deine Hoffnung hat ja gar zu schlechten Grund.

Als aber immer mehr Leute lernten, wie das Sonetteschreiben geht, nämlich so: abba abba ccd eed, oder auch abba cddc efg efg, oder meinetwegen auch, wie bei den Engländern: abab cddc efef gg, da gab es bald kein Halten mehr. Die Sache nahm allmählich die Züge eines Massenwahns an, Millionen von Sonetten wurden in Heimarbeit wie mit der Laubsäge angefertigt, und den Dichtern gingen allmählich die Reime aus. Kein Wunder, daß es viele gab, denen diese ehrwürdige Form zum Hals heraushing, und einer unserer größten Virtuosen, der Herr Gernhardt, hat eines Tages seinem Herzen Luft gemacht:

Materialien zu einer Kritik
der bekanntesten Gedichtform italienischen Ursprungs

Sonette find ich sowas von beschissen, (a)
so eng, rigide, irgendwie nicht gut; (b)
es macht mich ehrlich richtig krank zu wissen, (a)
daß wer Sonette schreibt. Daß wer den Mut (b)

hat, heute noch so'n dumpfen Scheiß zu bauen; (c)
allein der Fakt, daß so ein Typ das tut, (d)

kann mir in echt den ganzen Tag versauen. (c)
Ich hab da eine Sperre. Und die Wut (d)

darüber, daß so'n abgefuckter Kacker (e)
mich mittels seiner Wichserein blockiert, (f)
schafft in mir Aggressionen auf den Macker. (e)

Ich tick nicht, was das Arschloch motiviert. (f)
Ich tick es echt nicht. Und wills echt nicht wissen: (g)
Ich find Sonette unheimlich beschissen. (g)

Aber Moment mal! Damit hat der Dichter zwar alle andern fertiggemacht, die sich mit dem Oldtimer Sonett auf den Weg machen, aber er selber, tja, er selber hat sich ganz lässig ans Steuer gesetzt und ist uns allen davongefahren.

Und damit ist er nicht der einzige. Es ist schon erstaunlich, wie zählebig diese alten Modelle sind! Das gilt nicht nur für das Sonett, sondern auch für ein paar andere Designer-Strophen aus den älteren Jahrgängen – als da beispielsweise sind: die *Terzine* und das *Ghasel*, das manchmal auch unter der Typenbezeichnung *die Ghasele* läuft.

Die Terzine hat, glaube ich, Dante erfunden. Sie heißt so, weil jede Strophe nur drei Zeilen hat; aber diese Dreizeiler sind so gereimt, daß sie ineinandergreifen. Dante war so begeistert von seiner Idee, daß er sie in seiner *Göttlichen Komödie* gleich mit 14 233 Versen von unübertroffener Eleganz ausprobiert hat. Es geht dabei ein bißchen wie beim Häkeln zu: die gereimten Zeilen werden derart ineinandergeschlungen, daß der Faden nie abreißt, ganz egal, wie lang das Gedicht wird. Auch die Terzine ist nie ganz ausgestorben, genausowenig wie das Sonett. Neulich erst hat sie wieder einer ausprobiert:

Am Gartenzaun blüht immer noch der Flieder, (a)
und auf der Wiese steht dieselbe bunte Kuh. (b)
Ja, auch die Metzgerin erkennst du wieder. (a)

Sie warf dir manchmal eine Weißwurst zu. (b)
Wo jetzt die Disko dröhnt, stand damals die Kaschemme, (c)
ein rätselhafter Ort, verrufen und tabu. (b)

Der Parkplatz dort war einst die Pferdeschwemme … (c)

Also, wer es ganz genau wissen will: so reimt sich das: aba bcb cdc ded efe fgf ghg … xyx yzy, und damit die Sache ein Ende hat, am Schluß noch einmal ein einsames z.

Es gibt noch ein paar andere raffinierte Strophenformen, zum Beispiel das *Villanell*, ein Gedicht, das über die ganze Strecke hin mit zwei Endreimen auskommt. Gar nicht so einfach, hört sich aber gut an. Das Schema sieht so aus: aba, aba, aba … abaa, oder auch: aba, bab, bab … babb. Im Moment fällt mir leider kein deutsches Beispiel ein. Dann machen wir uns eben selber eins!

Ach so, auch dich kommt zuweilen
die Lust an, vom Ekel beschwingt,
dich ganz einfach abzuseilen?

Nur – mußt du uns unbedingt
mit Psycho-Geschichten langweilen,
bis es uns wirklich stinkt?

Statt an allem, was dir mißlingt,
dich immer nur aufzugeilen,
was dir weiß Gott nichts bringt, –

auch wenn es komisch klingt,
verlaß dich lieber bisweilen
auf deinen gesunden Instinkt!
Kann doch sein, daß das Glück dir winkt.

Wir sind hier nicht in der Englischstunde, aber wer etwas Stimmungsvolleres bevorzugt, kann sich an ein Villanell von E. A. Robinson halten, einem amerikanischen Dichter:

They are all gone away,
The House is shut and still,
There is nothing more to say.

Through broken walls and gray
The winds blow bleak and shrill:
They are all gone away.

Nor is there one today
To speak them good or ill:
There is nothing more to say.

Why is it then we stray
Around the shrunken sill?
They are all gone away.

sill: Türschwelle

And our poor fancy-play
For them is wasted skill:
There is nothing more to say.

fancy-play: Spiel der Phantasie, Kunststück

There is ruin and decay
In the House on the Hill:
They are all gone away,
There is nothing more to say.

Jetzt noch schnell die *Ghasele*. Eigentlich war sie gar nicht für deutsche Ohren bestimmt, denn es waren die Araber, die sich mit ihr amüsierten und die Perser, die Inder und die Türken kannten sie, längst bevor ein paar unternehmungslustige Deutsche sie bei uns heimisch machten.

Bei diesem Spielchen bilden immer zwei Zeilen ein Verspaar, und von diesen zwei Zeilen reimt sich nur die erste. Das hört sich simpel an, aber der Trick besteht darin, daß es, ganz egal wie lang das Gedicht ist, nur einen einzigen Reim gibt, und der ist verdammt schwer durchzuhalten. Ein Spezialist für dieses Zauberkunststück war der betrübte August Graf von Platen-Hallermünde, der leider schon anno 1835 in Syrakus das Zeitliche gesegnet hat:

Es liegt an eines Menschen Schmerz, an eines Menschen Wunde
nichts, (a)
Es kehrt an das, was Kranke quält, sich ewig der Gesunde nichts! (a)
Und wäre nicht das Leben kurz, das stets der Mensch vom
Menschen erbt, (x)
So gäb's Beklagenswerteres auf diesem weiten Runde nichts! (a)
Einförmig stellt Natur sich her, doch tausendförmig ist ihr Tod, (x)
Es fragt die Welt nach meinem Ziel, nach deiner letzten Stunde
nichts; (a)
Und wer sich willig nicht ergiebt dem ehrnen Lose, das ihm
dräut, (x)
Der zürnt in's Grab sich rettungslos, und fühlt in dessen Schlunde
nichts; (a)
Dies wissen Alle, doch vergißt es Jeder gerne jeden Tag, (x)
So komme denn, in diesem Sinn, hinfort aus meinem Munde
nichts! (a)
Vergeßt, daß euch die Welt betrügt, und daß ihr Wunsch nur
Wünsche zeugt, (x)
Laßt eurer Liebe nichts entgehn, entschlüpfen eurer Kunde
nichts! (a)
Es hoffe Jeder, daß die Zeit ihm gebe, was sie Keinem gab, (x)
Denn Jeder sucht ein All zu sein, und Jeder ist im Grunde
nichts. (a)

Reichlich deprimierend! Aber nicht jeder, der an Liebeskummer leidet, bringt ein so starkes Stück zustande. Hut ab! Das macht dem Grafen von Platen so leicht keiner nach.

Außerdem – außerdem haben wir noch mehr als ein Dutzend weiterer Strophenformen im Katalog. (Klammer auf: *Sestinen, Stanzen, Madrigal, Nibelungen- und Vagantenstrophe, Pindarische, Alkäische, Sapphische Ode* Klammer zu.) Aber ich sage: Jetzt reicht's! Wir sind schließlich zu unserem Vergnügen hier, nicht um ein Staatsexamen zu machen.

FREISTIL

Irgendwann, vor ungefähr hundert Jahren, hatten immer mehr Künstler das Gefühl: So kann es nicht weitergehen! Sie fingen an, Bilder zu malen, auf denen immer weniger zu sehen war, und das nannten sie: Kubismus, Expressionismus, Dadaismus, Suprematismus, Abstraktion. Andere schrien: Alles, was vorher war, gehört auf den Müll! Museen anzünden, Opernhäuser in die Luft sprengen!

Das Publikum war erschrocken, und die Künstler freuten sich über den Krach.

Unter diesen Umständen hatten auch die Dichter keine Lust mehr, einfach weiterzumachen wie gehabt. Schluß mit dem Silbenzählen! Schluß mit den perfekt genormten Strophen! Schluß mit der ewigen Reimerei!

Ich persönlich kann diese Leute gut verstehen. Es wundert mich nicht, daß ihnen mulmig zumute war. Schon lange vor Robert Gernhardt fanden sie das Sonett beschissen. Das ganze Geleier ging ihnen auf die Nerven. Immer mühsamer war die Suche nach einem neuen, einem überraschenden Reim geworden. Sogar der ziemlich ausgefuchste Rilke (Rainer Maria nannte er sich) ging bei dem Versuch, noch etwas Unerhörtes aus dem Reimlexikon herauszuholen, gelegentlich baden:

So waren diese Frauen elfenbeinern,
von vielen Rosen rötlich angeschienen,
so dunkelten die müden Königsmienen,
so wurden fahle Fürstenmunde steinern
und unbewegt von Waisen und von Weinern,
so klangen Knaben an wie Violinen
und starben für der Frauen schweres Haar …

Da sagten sich die Mutigeren unter den jungen Dichtern: Wenn das so ist, dann schmeißen wir lieber alles über Bord, was wir in der Schule gelernt haben! Mal sehen, ob es nicht auch ohne Paar-, Kreuz- und Kehrreim, ohne Jamben und Terzinen geht! Einer der ersten, der es versucht hat, war Dr. med. Gottfried Benn. 1912, mit vierundzwanzig, veröffentlichte er in einem winzigen Berliner Verlag ein kleines Heft: *Morgue und andere Gedichte* – Auflage: 500 Stück. Auf der ersten Seite stand:

Kleine Aster

Ein ersoffener Bierfahrer wurde auf den Tisch gestemmt.
Irgendeiner hatte ihm eine dunkelhellila Aster
zwischen die Zähne geklemmt.
Als ich von der Brust aus
unter der Haut
mit einem langen Messer
Zunge und Gaumen herausschnitt,
muß ich sie angestoßen haben, denn sie glitt
in das nebenliegende Gehirn.
Ich packte sie ihm in die Bauchhöhle
zwischen die Holzwolle,
als man zunähte.
Trinke dich satt in deiner Vase!
Ruhe sanft,
kleine Aster!

Da sahen die meisten damaligen Lyrik-Nationalspieler auf einmal ziemlich alt aus! So etwas hatte es noch nicht gegeben. Nicht nur war das Thema des Gedichts kraß, auch seine Form regte die Leser auf. Daß es nicht gereimt war, mochte ja noch hingehen – die ersten drei Zeilen wirken wie ein ironischer Abschiedsgruß an diese liebe Gewohnheit –; aber Benn kümmerte sich noch nicht einmal um die üblichen Striche und Schüsselchen. Das waren *freie Verse*!

Allerdings, er war bei weitem nicht der erste, der auf diese Idee kam. Schon im 18. Jahrhundert hatten die Herren Klopstock und Hölderlin etwas Derartiges riskiert, wenn auch immer im hohen Ton der Griechen. Ein wilder Amerikaner namens Walt Whitman und ein neunzehnjähriger Franzose namens Rimbaud waren rund hundert Jahre später als Störenfriede aufgetreten und hatten gezeigt, wie man ganz ohne Rücksicht auf die Tradition dichten kann:

> Wer geht da? Sehnsüchtig, ungehobelt, rätselhaft, nackt;
> wie kommt es, daß ich mir Kraft hole aus dem Steak, das ich esse?
> Was ist ein Mensch überhaupt? Was bin ich? Was bist du?
>
> (Who goes there? hankering, gross, mystical, nude;
> How is it I extract strength from the beef I eat?
> What is a man anyhow? what am I? what are you? /Whitman)
>
> Während der Staatshaushalt in Festen der Brüderlichkeit zerrinnt,
> läutet eine Feuerglocke rosa in den Wolken.
>
> (Pendant que les fonds publics s'écoulent en fêtes de fraternité,
> il sonne une cloche de feu rose dans les nuages. / Rimbaud)

Auch auf dem Theater war die Ungeduld gewachsen. Das klassische Versdrama der Franzosen hörte sich mit seinem tam-TAM tam-TAM tam-TAM, – kurze Pause – tam-TAM tam-TAM tam-TAM, dem sogenannten *Alexandriner*, immer steifleinener und hochtrabender an:

> *Chimene:* O grauenvoller Tag! || O Mordtat fürchterlich!
> Den Vater erst durchs Schwert, || dann durch den Anblick mich …
> Tu's fort! Nie kann ich ja || das Schreckliche vergessen.
> Mich sprechen wolltest du || und tötest mich stattdessen.
> *Rodrigo:* Ich folge deinem Wunsch || und will trotzdem mitnichten
> Auf den ersehnten Tod || von deiner Hand verzichten …

und sogar der freiere, reimlose *Blankvers* der Engländer und der Deutschen eignete sich nur allzu gut zu donnernden Deklamationen:

Da wird es Nacht vor meinen Sinnen!
Nichts – Nichts – Kein Ausweg – Keine Hülfe – keine
Im ganzen Umkreis der Natur! Verzweiflung
Macht mich zur Furie, zum Tier – ich setze
Den Dolch auf eines Weibes Brust – Doch jetzt –
Jetzt fällt ein Sonnenstrahl in meine Seele …
(Schiller, *Don Carlos*)

Wer nicht ganz und gar auf die Versform verzichten und sich, wie der Norweger Ibsen und der Schwede Strindberg, auf den schlichten Prosa-Dialog zurückziehen wollte, der hatte ein Problem: »Das Problem war einfach«, sagte sich Bertolt Brecht. »Ich benötigte gehobene Sprache, aber mir widerstand die ölige Glätte des üblichen fünffüßigen Jambus. Ich brauchte Rhythmus, aber nicht das übliche Klappern.« Nicht nur auf dem Theater, auch im Gedicht. So kam er zu seiner »reimlosen Lyrik mit unregelmäßigen Rhythmen«. Zu ihrer Verteidigung beruft er sich nicht auf berühmte Vorgänger, sondern er zitiert politische Slogans und Reklamesprüche aus den dreißiger Jahren:

Helft euch selber! Wählt Thälmann!

Du sollst nur Manoli rauchen!

Allen anderen zuvor: der Sarotti-Mohr

Der freie Vers! Endlich Schluß mit der Silbenzählerei! Ein neues Image für die Poesie! Der Erfolg war durchschlagend. Heute sind an die 95 Prozent aller gedruckten Gedichte garantiert frei von Reim und Versmaß. Nur wo es um Lieder geht, von der deutschen Schnulze bis zum internationalen Standard der Rock-, Pop- und Folk-Musik, da wird

nach wie vor heftig gereimt, und natürlich wissen auch die Musical-Produzenten, was sie an einer fetzigen, gut gebauten Strophe haben. Was ein rechter Ohrwurm ist, das verkauft sich immer …
Selbst die Hip-Hop-Szene rappt munter vor sich hin. Sie baut ihren »Frust ab«, indem sie ihn auf »Durst hab« reimt, bis »die Post ab« geht. Auch die Slam Poets kennen beim Dichten keine Ladehemmung; da ist rasendes Tempo angesagt, wie bei Cappuccinos bestem Stück *ladidadi*. Klar, daß man es mit der eigenen Sprache dabei nicht allzu genau nehmen kann:

1 2 3 4
komm zu mir
der Cappuccino der ist hier
und ich komme dir
komme dir komme dir
wie das Elixir
das du brauchst
wenn du abtauchst
also bitte nimm mich
du siehst 'n bißchen müde aus
aber heute bin ich nicht auf Langeweile aus
also halt die andern raus
aus ihrem Haus und gib Applaus
denn ich geb heut einen aus
hol den Opa und die Oma
mit dem Kaffeekrönaroma
deine Mama und den Papa
und die große Flasche Grappa …

Hauptsache, es macht Spaß. Sinn und Verstand wären dabei zuviel verlangt.
Diese Eigenschaften wird man allerdings auch in vielen »seriösen« Lyrikbändchen vergebens suchen. Die finden sich natürlich nicht im Plattenladen, sondern, wenn überhaupt, in der hintersten Ecke der Buchhand-

lungen. Daß der Quatsch überwiegt, ist aber nichts Besonderes; das gilt ja ebenso für das Fernsehprogramm und für die Reden der Politiker. Die Frage ist nur: War das schon immer so? Waren die meisten Dichter schon immer ein bißchen schwach auf der Brust? Oder hat das muntere Gequassel vielleicht etwas mit dem *freien Vers* zu tun?

Der hat sich ja längst ebenso flächendeckend durchgesetzt wie in der grauen Vorzeit das Sonett. Nun ist es leider dem sogenannten freien Vers nicht anders ergangen als einst der korrekt gebastelten Strophe. Früher hat sich jeder Kegelbruder und jede Kaffeetante gedacht: Das kann ich auch, und so wurden gereimte Liebesseufzer und Frühlingsgedichte am laufenden Meter produziert.

Genau dasselbe Los war nun der »reimlosen Lyrik mit unregelmäßigen Rhythmen« beschieden. Nichts leichter als das, fand so mancher Ahnungslose, der keine Lust hatte, zur Kenntnis zu nehmen, was Herr Brecht darüber zu sagen hatte: »Diese freie Art, den Vers zu behandeln, ist, wie zugegeben werden muß, eine große Verführung zur Formlosigkeit.«

Ein Trompeter, der sein Instrument nicht beherrscht, wird nur eine grauenhafte Katzenmusik hervorbringen, ganz egal, ob er Mozart spielt oder ob er bei einer Jam Session frei improvisiert; und ebenso wird jeder Lyriker abstürzen, der sich einbildet, der freie Vers wäre billiger zu haben als ein tadellos geschmiedetes Madrigal:

weißt du sagt robert eigentlich geht es mir gut
gut einmal ums haus bringt mich außer atem
doch allein mein hier-sitzen wie kaputt macht es
erst die, die revolution ist nicht ausgang der großen
bewegung sagt robert da fuhren wir schon wieder
gen erkner sondern der endpunkt

Das hätte der Dichter ebenso gut und rhythmisch einleuchtender so ausdrücken können:

Bla bla bla blabla blablabla bla bla bla bla usw.

Kein Wunder, daß sich die meisten von uns bei solchen Tönen die Ohren zuhalten! Und welche Farbe hat eigentlich eine Frauumrandung?

Bog man ums o-förmige Wäldchen, war
Ein Schatten auf dem Gras. Ein Vogel rief:
Magirus, oh Magirus! Alles klar –
Mann, dieser Fettsack, der da lief,
War ich! Ich dachte, welche Farbe muss
Die Frauumrandung haben?

Alles klar? Gute Gedichte, gereimt oder nicht, freier Vers hin oder her, waren immer schon eine Seltenheit, und immer schon war das Risiko groß, daß die Verfasser sich blamieren.

Eines muß man dem verflossenen zwanzigsten Jahrhundert aber lassen: Es hat nicht nur alte Formen kaputtgemacht, es hat auch neue hervorgebracht, die früher undenkbar gewesen wären. Niemand, der Ernst Jandl zugehört hat, wie er sein Gedicht *schtzngrmm* vorliest, wird es wieder vergessen:

schtzngrmm
schtzngrmm
t–t–t–t
t–t–t–t
grrrmmmmm
t–t–t–t
s————c————h
tzngrmm
tzngrmm
tzngrmm
grrrmmmmm
schtzn
schtzn

t–t–t–t
t–t–t–t
schtzngrmm
schtzngrmm
tsssssssssssss
grrt
grrrrrt
grrrrrrrrt
scht
scht
t–t–t–t–t–t–t–t–t–t
scht
tzngrmm
tzngrmm
t–t–t–t–t–t–t–t–t–t
scht
scht
scht
scht
scht
grrrrrrrrrrrrrrrrrrrrrrrrrrrr
t–tt

Mehr ist in dreißig Sekunden über den Krieg im Schützengraben eigentlich nicht zu sagen. *Laut und Luise* hat Jandl das Buch genannt, aus dem das Gedicht stammt. Und tatsächlich hat das zwanzigste Jahrhundert nicht nur das *Lautgedicht* hervorgebracht, sondern auch eine Form, die so leise ist, daß man sie gar nicht hören, sondern nur anschauen kann: das *Kalligramm*. Es kommt ganz ohne Häkchen und Schüsselchen, ohne a, b und x aus, wie in der folgenden Strophe, die sich einfach im Strichregen auflöst:

Es regnet

es regnet frauenstimmen als wären sie tot und vergessen
wunderbare begegnungen meines lebens, es regnet euch tröpfchenweise
und schon bäumen die wolken sich auf und fangen zu wiehern an eine ganze welt von städten wiehert in meinen ohren
hör nur wie sie wimmert im regen die alte musik aus verschmähter liebe und wehmut
hör nur wie sie von dir abfallen die riemen die dich von kopf bis fuß fesseln

Wem es bei Guillaume Apollinaire zu wehmütig nieselt, wer es lieber still und heiter hat, der halte sich an die folgende Strophe, durch die nicht nur das Mondlicht hindurchfließt, sondern auch Wort für Wort der Text:

Die Trichter

Zwei Trichter wandeln durch die Nacht
Durch ihres Rumpfs verengten Schacht
fließt weißes Mondlicht
still und heiter
auf ihren
Wald-
weg
u. s.
w.

Zu guter Letzt vielleicht noch ein Spiel mit dem Zufall, das viel Glück und Geduld erfordert: gemeint ist das *Anagramm*. Da wird mit einer ganz bescheidenen Zahl von Buchstaben operiert. Jeder darf nur einmal vorkommen, und keiner darf übrigbleiben. Auf diese Weise verwandelt sich der EBER in die REBE und die REBE in das ERBE. Vielleicht fand ja MICHELANGELO das MALOCHEN GEIL? Das wäre aber nur mit ELAN MOEGLICH. Es kommt aber darauf an, welche Überraschungen man mit dieser strengen Regel hervorlocken kann. Unica Zürn hat ihr *Tausend Zaubereien* abgewonnen:

Ei, zarte Suenden bau:
reizende Tauben aus
Zundertau. Eine Base
aus Reizdaunen bete
an. Zuende Staubeier
aus, in Zaubertee. Den
Zebus traue an deine

Busenzierde. Taue an
Eisabenden Azur. Tue
in den Zaubertausee
tausend Zaubereien.

Höherer Blödsinn, der es aber in sich hat! Jeder, der es einmal probiert hat, der weiß, wie schwer die Buchstaben auf so anmutige Art zum Tanzen zu bringen sind. Wer von uns könnte da der Dichterin das Wasser reichen?

KUNSTSTÜCKE

Die Sprache, jede Sprache, ist ein Bilderrätsel. Viele Wörter, die wir alltäglich im Mund führen, stecken voller Bedeutungen, die wir vergessen haben. Was ist ein *Wasserhahn*? Irgendjemand muß auf die Idee gekommen sein, daß er dem Hals eines Federviehs ähnelt. Was ist eine *Windhose*? Da hat irgendwann einer den Lufttrichter, der bei einem Tornado entsteht, mit einem Strumpf verglichen; denn das Wort *Hose* hat ursprünglich nicht das bedeutet, was wir heute damit meinen, sondern eine Art Schlauch oder Strickstrumpf. Und der *Waschzettel*, der Reklametext für ein Buch? Das war einmal ein Stück Papier, auf dem eine Liste der Bettücher und der Hemden stand, die man zur Wäsche gegeben hat – und früher hat man den Klappentext nicht auf den Schutzumschlag gedruckt, sondern auf einen eigenen Zettel, der ins Buch gelegt wurde.

Und so weiter! Die meisten Wörter verweisen nicht nur auf das, was wir mit ihnen sagen wollen, sondern auf etwas anderes, auf irgendeine vergessene Ähnlichkeit. Warum sagen wir: Sie hat ihm einen *Korb* gegeben? Und wer weiß schon, was *durchfallen* eigentlich bedeutet? Dieser Ausdruck ist durch Verkürzung aus einer alten Redensart hervorgegangen: »durch den Korb fallen«, und die wiederum geht zurück auf eine mittelalterliche Erzählung, in der der unerwünschte Liebhaber von seiner Geliebten in einem so schwachen Korb zu sich hinaufgezogen wird, daß er dabei durch den Boden hindurch fällt. Die ursprüngliche Bedeutung ist deshalb: Pech gehabt, die Dame verzichtet.

Es war vielleicht irgendein längst vergessener, anonymer Dichter, der auf das Bild mit dem Korb gekommen ist. Denn solche Bilder aufzuspüren, das gehört zum Beruf und zum Vergnügen eines Dichters. Man nennt sie auch *Metaphern.* Kaum ein Gedicht kommt ohne sie aus. »Du brichst mir das Herz« – das ist nicht so gemeint, daß einer mit der

Brechstange kommt, um jemandem die Pumpe zu zertrümmern. Er redet »im übertragenen Sinn« und benützt ein Bild, das allerdings im Lauf der Zeit bis zur Unkenntlichkeit verblaßt ist, ebenso wie die Rede von einem »herzlosen« Menschen, der sonderbarerweise munter weiterlebt – ein medizinisches Wunder!

Aber das macht nichts, denn die Dichter hecken immer neue Metaphern aus. Weil das Bild die bei weitem wichtigste Figur ist, mit der sie arbeiten, haben die Gelehrten ganze Wälzer vollgeschrieben, um zu erklären, wie das im einzelnen funktioniert. Da gibt es dann nicht nur Metaphern, sondern auch *Metonymien, Synekdochen* und so weiter, lauter schöne griechische Begriffe, die wir aber ebensogut gleich wieder vergessen können. Schauen wir uns lieber an, was für tolle Bilder den Dichtern, die vermutlich gar kein Griechisch konnten, eingefallen sind:

Der Regen diktierte ein langes, langweiliges Referat
(Adam Zagajewski);
Im Salon döste das alte Klavier,
ein Flußpferd mit gelben und schwarzen Zähnen
(Adam Zagajewski);
Wassermelonen – grüne Buddhas
am Obststand.
Wir essen das Lächeln
und spucken die Zähne aus
(Charles Simic);
Schlaflosigkeit,
du bist wie ein Leihhaus
an einer Straße
mit bankrotten Geschäften
(Charles Simic)

Wer hätte gedacht, daß ein Nilpferd und ein Klavier etwas gemeinsam haben, daß sich eine Wassermelone mit einem Buddha vergleichen läßt? Darauf muß erst mal einer kommen!

Natürlich kann man es auch zu weit treiben mit der Metapher. Wenn ein Dichter alles und jedes mit allem und jedem vergleicht, wenn er einen Vergleich auf den andern häuft, dann wird uns die Sache zu dumm. Irgendwann streiken wir. Wir durchschauen den Trick. Wir haben den Eindruck, daß der Dichter uns bluffen will:

> […] doch hier sind deine Augen, die riechen nach Jagd,
> nach dem grünen Blitz, der die Brust durchbohrt,
> deine Zähne, die Äpfel aufbrechen, daß das Blut herausrinnt,
> deine Beine, die sich stöhnend an die Sonne anklammern,
> und deine Brüste von Perlmutt und deine mohnenen Füße,
> wie Trichter voll von schattensuchenden Zähnen,
> wie Rosen, geflochten aus Peitschen und Duft …

Was soll denn das heißen? Wie sollen wir uns Rosen vorstellen, die aus Peitschen geflochten sind? Was ist eigentlich *mohnen* an den Füßen einer Dame? Warum stöhnen die Beine? Was haben sie mit der Sonne zu tun? Und so weiter. Oder ist der Dichter einfach nur ausgerutscht? Dann sagen wir: Der Vergleich hinkt, das Bild ist schief, das Gedicht ist sozusagen auf die Schnauze gefallen:

> Bitterer Arbeit Abendstirn
> Spült doch ruckweise der Tod hinab!
> Wir sind ja nur ein armes Gurgelwasser
> Im Röcheln der Hure Zeit. (Albert Ehrenstein)

Autsch!

> Aus den Toren der Augen wallte
> Frühling zum erstenmal, Himmelsgischt,
> Lächelns nieglühender Brand. (Franz Werfel)

Ist Lyrik Glückssache? Oder gehört, wie beim Stabhochsprung, einfach ein Minimum von Training dazu? Wahrscheinlich hat Karl Valentin recht, wenn er sagt: »Kunst ist schön, macht aber viel Arbeit.«

Da gibt es – abgesehen von der Metapher – noch jede Menge anderer Möglichkeiten, Techniken, Figuren und Fallstricke. Ein paar von ihnen wollen wir uns noch genauer anschauen. Fangen wir an mit der Wiederholung. Es ist schon verblüffend, was man mit ihr ausrichten kann. Richtig eingesetzt, kann sie geradezu magisch wirken:

Nicht mehr brüllt es, nicht mehr flüsterts, das Meer,
das Meer.
Ohne die Träume ist es ein fahles Feld, das Meer,
das Meer.
Erbarmen tuts einen, auch das, das Meer,
das Meer.
Ungespiegelte Wolken bewegens, das Meer,
das Meer.
Tristem Rauch tritt es sein Bett ab, das Meer,
das Meer.
Auch tot ist, du siehsts, das Meer,
das Meer.

Man hört es richtig schwappen, in trostloser Wiederholung ans Ufer schwappen.

Es geht aber auch andersherum: Immer dieselben Wörter an den Anfang statt an das Ende gestellt, und schon sind wir auf einer ganz aufgekratzten Party:

Lustig zum Felde, zum Walde, zun Reben,
Lustig zum Garten, zum Wasser daneben,
Lustig zu Auen, lustig zu Frauen,
Lustig zur Tafel und lustig zur Bank,
Lustig im Leben und nimmermehr krank.

Oder man rappelt ein und dasselbe Wort siebenmal herunter und kommt dann am Schluß mit einer Pointe:

Dieses ist das Bild der Welt,
Die man für die beste hält,
Fast wie eine Mördergrube,
Fast wie eines Burschen Stube,
Fast so wie ein Opernhaus,
Fast wie ein Magisterschmaus,
Fast wie Köpfe von Poeten,
Fast wie schöne Raritäten,
Fast wie abgesetztes Geld
Sieht sie aus, die beste Welt.

Man sollte denken, daß es nichts bringt, wenn man sich endlos wiederholt. Aber auch dadurch, daß man auf einem Argument oder einer Beschimpfung bis zum Gehtnichtmehr herumreitet, kann man wunderbare Effekte erzielen. Drei Seiten lang bedichtet Bertolt Brecht einen Plattkopf, und am Schluß sagt er auch noch: »Einmaliges Abspielen der Platte genügt nicht.«

[1.] Setzen Sie sich!
Sitzen Sie?
Lehnen Sie sich ruhig zurück!
Sie sollen bequem und leger sitzen.
Rauchen können Sie.
Wichtig ist, daß Sie mich ganz genau hören.
Hören Sie mich genau?
Ich habe Ihnen etwas mitzuteilen, was Sie interessieren wird.

[2.] Sie sind ein Plattkopf.
Hören Sie auch wirklich?
Es besteht doch hoffentlich kein Zweifel darüber, daß Sie mich
klar und deutlich hören?
Also:
Ich wiederhole: Sie sind ein Plattkopf.
Ein Plattkopf.

P wie Paul, l wie Ludwig, a wie Anna, zwomal t wie Theodor
Kopf wie Kopf.
Plattkopf. […]

[4.] Ich sage das doch nicht allein.
Ihre Frau Mutter sagt das doch schon lang.
Sie sind ein Plattkopf.
Fragen Sie doch Ihre Angehörigen
Ob Sie *kein* P sind.
Ihnen sagt man das natürlich nicht
Denn da werden Sie doch wieder rachsüchtig wie alle Plattköpfe.
Aber
Ihre ganze Umgebung weiß seit Jahr und Tag, daß Sie ein P sind.

[5.] Es ist ja typisch, daß Sie es leugnen.
Das ist doch die Sache: es ist typisch für den P, daß er es ableugnet.
[…]
Sie sind ein P.

[7.] Ist ja auch gar nicht schlimm
Damit können Sie achtzig werden.
Geschäftlich ist es direkt ein Vorteil.
Und politisch erst!
Nicht mit Geld zu bezahlen!
Als P brauchen Sie sich um *nichts* zu kümmern.
Und Sie sind ein P
(Das ist doch angenehm?).

[8.] Sind Sie immer noch nicht im Bilde?
Ja, wer soll's Ihnen denn noch sagen?
Der Brecht sagt's ja auch, daß Sie ein P sind.
Also bitte, Brecht, sagen Sie ihm doch als Fachmann Ihre Ansicht.

[9.] Der Mann ist ein P.
Na also.

Überhaupt scheint das Ohr des Menschen, vom Baby bis zum Papst, endlose Litaneien, Tiraden und Kataloge zu mögen. Da genügt es manchmal, daß ein Dichter einfach alles aufzählt, was ihm gerade einfällt:

Es gibt

[…] Es gibt einen Kapitän der angstvoll auf die drahtlosen
Nachrichten über den Atlantik wartet
Es gibt um Mitternacht Soldaten die Bretter für die Särge sägen
Es gibt Frauen die vor einem blutenden Christus in Mexiko laut
schreiend Mais verlangen
Es gibt den Golfstrom der so lau und wohltuend ist
Es gibt einen Friedhof voller Kreuze 5 Kilometer von hier
Es gibt Kreuze weit und breit …

Andere Dichter halten sich an den Satzbau. Es macht einen großen Unterschied, ob einer wie mit dem Hammer kurze, knappe Zeilen hinsetzt oder ob er alle Möglichkeiten der Sprache ausreizt, um möglichst viel in seinen Sätzen unterzubringen: Nuancen, Zweifel, Widersprüche, Einwände, Zwischenrufe … (Auch für diesen Unterschied gibt es natürlich Fachausdrücke: simpler Satzbau = *Parataxe*, komplizierter: *Hypotaxe*, aber auch das soll uns nicht weiter kümmern.)
Was ist besser, kurz oder lang? Es kommt darauf an, was einer sagen will! Der eine verliert nicht viele Worte *Über die Städte:*

Unter ihnen sind Gossen.
In ihnen ist nichts. Und über ihnen ist Rauch.
Wir waren drinnen. Wir haben sie genossen.
Wir vergingen rasch. Und langsam vergehen sie auch.

Das haut hin und sitzt! Ein anderer macht es jedoch genau umgekehrt. Sein Gedicht heißt *Der Aufschub*, und es besteht aus einem einzigen Satz, der so lang ist, daß einem beim Vorlesen fast die Puste ausgeht; aber damit will er sagen, daß die Geschichte, die er erzählt, eben nicht so rasch vergehen will wie der Rauch über der Stadt Mahagonny:

> Bei dem berühmten Ausbruch des Helgafell, eines Vulkans
> auf der Insel Heimaey, live übertragen von einem Dutzend
> hustender Fernsehteams, sah ich, unter dem Schwefelregen,
> einen älteren Mann in Hosenträgern, der, achselzuckend
> und ohne sich weiter zu kümmern um Sturmwind, Hitze,
> Kameraleute, Asche, Zuschauer (unter ihnen auch ich
> vor dem bläulichen Bildschirm auf meinem Teppich),
> mit einem Gartenschlauch, dünn aber deutlich sichtbar,
> gegen die Lava vorging, bis endlich Nachbarn, Soldaten,
> Schulkinder, ja sogar Feuerwehrleute mit Schläuchen,
> immer mehr Schläuchen, gegen die heiße, unaufhaltsam
> vorrückende Lava eine Mauer aus naß erstarrter
> kalter Lava höher und immer höher türmten, und so,
> zwar aschgrau und nicht für immer, doch einstweilen,
> den Untergang des Abendlandes aufschoben, dergestalt,
> daß, falls sie nicht gestorben sind, auf Heimaey,
> einer Insel unweit von Island, heute noch diese Leute
> in ihren kleinen bunten Holzhäusern morgens erwachen
> und nachmittags, unbeachtet von Kameras, den Salat
> in ihren Gärten, lavagedüngt und riesenköpfig,
> sprengen, vorläufig nur, natürlich, doch ohne Panik.

Überhaupt die Grammatik! Was man mit der alles machen kann! Weg mit den langweiligen Punkten! Her mit den Ausrufezeichen! Schluß mit der Leisetreterei! Jetzt geht's ums Ganze! Nur keine Bange!

> Ich irre, führe mich, Verstand, auf rechte Wege!
> Ich zweifel, Wahrheit! Steh mit deiner Weisheit bei!
> Ich diene, Freiheit! Reiß die harten Band entzwei!
> Ich zitter, Schutz! Halt auf des Himmels Donnerschläge!

Ich schwind, o Ewigkeit! Erhalte für und für!
O Leben aller Ding! Ich sterbe, leb in mir!

Und wozu haben wir das Fragezeichen? Wer die Antwort nicht weiß, kann auch mit ihnen ein paar eindrucksvolle Verse bestreiten:

In Liebeskampf? In Todeskampf gesunken?
Ob Atem noch von ihren Lippen fließt?
Ob ihr der Krampf den kleinen Mund verschließt?
Kein Öl die Lampe? oder keinen Funken?
Der Jüngling – betend? tot? in Liebe trunken?
Ob er der Jungfrau höchste Gunst genießt?
Was ist's, das der gefallne Becher gießt?
Hat Gift, hat Wein, hat Balsam sie getrunken?

Dürfen Dichter übertreiben? Im Prinzip ja. Im Prinzip dürfen Dichter alles, egal was die Kritiker sagen. Aber je mehr sich einer herausnimmt, desto größer ist das Risiko. Trägt er allzu dick auf, kann dem Publikum schon auch mal speiübel werden. Wird er zu laut, hält sich der Leser die Ohren zu. Verlegt der Verfasser sich aufs Erbsenzählen, dann schlafen wir ein. Man kann alles übertreiben, auch die Genauigkeit. Aber genau diese Pedanterie nimmt der Hochseilartist aufs Korn und erzielt dabei wunderbar komische Effekte:

Alpenjägerlied

Ein herr der die straße herabsteigt
ein herr der die straße hochklettert
zwei herren die absteigen und hochklettern
das heißt der eine herr steigt ab
und der andere herr klettert hoch
genau vor dem laden von Hinderickx und Winderickx
genau vor dem laden von Hinderickx und Winderickx
    von den berühmten hutmachern

begegnen sie sich
der eine herr nimmt seinen zylinder in die rechte hand
der andre herr nimmt seinen zylinder in die linke hand
dann gehn der eine und der andre herr
der rechte und der linke der hochkletternde und der absteigende
der rechte der absteigt
der linke der hochklettert
dann gehn beide herren
jeder mit seinem zylinder seinem eigenen zylinder seinem
ureigenen zylinder
aneinander vorbei [...]
dann setzen beide herren
der rechte und der linke der hochkletternde und der absteigende
kaum sind sie aneinander vorbei
ihren zylinder wieder auf den kopf
aber wohlgemerkt
jeder setzt seinen eigenen zylinder auf den eigenen kopf
das ist ihr gutes recht
das ist das gute recht dieser beiden herren

Wie bei Monsieur Jourdain, der Prosa sprach, ohne es zu wissen, kann man diese Geschichte, oder eine ganz ähnliche, auch ganz ohne Verse erzählen. Zum Vergleich ein Stückchen des Dada-Dichters Kurt Schwitters:

2 Herren
Auf der Straße begegneten einander zwei Herren, die sich nicht kannten. Zufällig streifte der eine den anderen mit dem Ärmel. Da sagte der andere leise aber vernehmlich: »Esel.« – »Idiot«, antwortete der eine. Da sagte der andere wieder: »Sie Lümmel, Lulatsch, Lumich, Schwein, Sie Schwein, Sie gemeines Schwein, Sie Hanswurst, Sie Trottel, Sie blödes Aas, Sie Rindskaffer, Sie

Lause-Aas!« – »Was«, antwortete der eine, »und Sie wollen jetzt etwa immer noch ein gegebebebildeter Mensch sein? In meinen Augen sind Sie ein Idiot, Sie Idiot, ein Luffen, Sie Luffen, ein Schwein, Sie Schwein, ein Hund, Sie Hund, ein Affe, Sie Affe.« [...] Plötzlich sagte der andere: »Feiger Schurke!« Da sagte der eine: »Pardon, ich habe ganz vergessen, Sie meiner Braut vorzustellen.« – Plötzlich sagte der andere: »Dabei fällt mir ein, ich habe meinen Namen noch gar nicht genannt. Ich heiße Meier.« – Darauf sagte der eine: »Ebenfalls Meier, Vorsitzender des Vereins zur Veredlung der Hunderassen.« – Plötzlich sagte der andere Meier: »Wollen Sie nicht in unseren Klub zur Verbesserung der Kultur eintreten? Sie sind unser Mann, Sie sind ein edler Mensch.« – Darauf antwortete der eine Meier: »Ich schätze mich außer ordentlich glücklich, einen Menschen wie Sie kennengelernt zu haben. Ich und mein Hund treten gern Ihrem Klub bei.« Darauf begaben sich beide Herren mit Hund und Braut ins Klublokal zur Verbesserung der Kultur.

Dichten kann man auch im Dialog – sonst hätte es nie so etwas wie ein Versdrama gegeben. Besonders gut klappt das, wenn ein Krach auf der Bühne sich zuspitzt; dann haut einer dem andern – zack zack – einen Reim um die Ohren, der sich gewaschen hat. Hier möchte (in Molières *Menschenfeind*) ein Amateurdichter namens Oronte unbedingt von Alceste gelobt werden, dem er seine Verse vorgetragen hat, aber damit hat er kein Glück:

Alceste: An Ihrer Stelle wär ich nicht so laut.
Oronte: Kein Mensch spricht heutzutage noch in Reimen.
Alceste: Man zieht es vor, sich einfach auszuschleimen.
Oronte: Auf jeden Fall hat mein Gedicht mehr *Power.*
Alceste: Ihr Eigenlob steht fest wie eine Mauer.
Oronte: Man wartet auf mein Buch voll Ungeduld.

Alceste: Wer Speichelleckern glaubt, ist selber schuld.
Oronte: Ich pfeife auf Ihr Lob! Ich glaub, Sie spinnen.
Alceste: Auf welches Lob? Ich kann mich nicht entsinnen.

Auch für diese Figur haben die Professoren ein schönes Fremdwort erfunden; sie nennen sie *Stichomythie.* Dazu braucht es übrigens keine Bühne; solche Wechselreden kommen schließlich auch im Alltag vor; und nichts, was im Alltag vorkommt, ist in der Lyrik tabu:

Verliebtes Gespräch

A: Jetzt sind wir schon eine Stunde hier
und du gibst mir immer dieselbe Antwort.
Du machst mich noch wahnsinnig mit deinen Witzen.
Deine Witze weiß ich schon lange auswendig.
Was hast du bloß gegen meinen Mund? Meine Augen?
B: Natürlich habe ich nichts gegen deine Augen.
A: Warum küßt du sie dann nicht?
B: Natürlich küsse ich deine Augen.
A: Was hast du bloß gegen meine Schenkel und meine Brüste?
B: Was soll denn das heißen, gegen deine Brüste!
A: Warum zeigst du dann deine Gefühle nicht?
Faß mich doch an, solang ich noch da bin.
B: Ich faß dich ja an, aber nicht auf Kommando.
A: Warum wolltest du dann, daß ich mich ausziehe?
B: Ich hab dir nicht gesagt: Zieh dich aus.
Du hast dich von selbst ausgezogen.
Zieh dich lieber schnell wieder an, ehe dein Mann heimkommt.
A: Was soll das Ganze?
B: Zieh dich lieber schnell wieder an, ehe dein Mann heimkommt.

Montage und *Collage* sind poetische Verfahren, die es vor dem 20. Jahrhundert nicht gegeben hat. Montieren: das heißt eigentlich soviel wie zusammensetzen, und eine Collage ist etwas, das man zusammengeleimt hat. Wahrscheinlich haben die Dichter diesen Trick von den Künstlern und von den Filmemachern geklaut; denn Klebebildchen gab es schon viel früher, und ein Spielfilm entsteht immer erst im Schneideraum aus vielen Einzelaufnahmen. So ähnlich kann man auch mit Zeitungsausschnitten, Zitaten, aufgeschnappten Redensarten, Lexikonartikeln und anderem Material verfahren. Gottfried Benn hat auf diese Weise mitten im Zweiten Weltkrieg ein Gedicht über sein Geburtsjahr 1886 zusammengebastelt. Hier sind einige seiner Bestandteile:

> […] Anfang Dezember ein so unerhörter Schneefall,
> dass der gesamte Bahnverkehr
> in Nord- und Mitteldeutschland
> für Wochen zum Erliegen kam.
> Paul Heyse veröffentlicht eine einaktige Tragödie […]
> Theodor (düster, aufschreiend):
> »Lydia! Mein Weib! Nimm mich mit Dir«! –
> Titel: »Zwischen Lipp' und Kelchesrand.« […]
> Der Deutsche Radfahrbund
> zählt 1500 Mitglieder. […]
> Die Registertonne wird einheitlich
> auf 2,8 cbm Raumgehalt festgesetzt; […]
> Turgenjew in Baden-Baden
> besucht täglich die Schwestern Viardot,
> unvergessliche Abende,
> sein Lieblingslied, das selten gehörte:
> »wenn meine Grillen schwirren«
> (Schubert) […]
> Kapitalverdoppelung
> bei Schneider-Creuzot, Krupp-Stahl, Putiloff.

Ein Durcheinander, ein Quodlibet, ein Potpourri – so sieht es auf den ersten Blick aus. Aber genau das war Benns Absicht: er wollte zeigen, daß das, was da alles passiert ist im Jahr 1886, auf keine Kuhhaut geht.

Wahr ist aber auch, daß man es sich zu leicht machen kann mit dem Montieren und Collagieren von x-beliebigem Material, und dann riskiert man, daß das Gedicht einem Papierkorb oder einem Müllhaufen ähnlich sieht.

Mehr Kopfzerbrechen macht da schon ein anderes Kunststück, das ich mit dem verflixten Fünfzehner-Spiel vergleichen möchte. Wißt ihr, wie es geht? Fünfzehn numerierte Quadrate muß man auf einem Brettchen mit sechzehn Feldern so lange hin- und herschieben, bis die Zahlen in der richtigen Reihenfolge dastehen. So etwas Ähnliches gibt es auch in der Dichtung. Wie macht man aus genau sieben Wörtern ein Gedicht, indem man sie hin- und herschiebt? Das ist ziemlich schwierig, aber Adelbert von Chamisso hat es geschafft:

Das ist die Not der schweren Zeit!
Das ist die schwere Zeit der Not!
Das ist die schwere Not der Zeit!
Das ist die Zeit der schweren Not!

Mit solchen *Permutationen* arbeitet auch gern die *Konkrete Poesie*, die in den 1950-er Jahren einmal schwer in Mode war. Die Methode ist einfach, aber nicht immer kommt etwas besonders Gescheites dabei heraus:

das was war war mir nicht recht
aber es war und ist nicht mehr
das was sein wird wird mir nicht recht sein
aber es wird erst sein und ist noch nicht
aber das was ist ist
und das ist mir erst recht nicht recht

Es war der Ehrgeiz der Konkreten Dichter, mit immer weniger auszukommen. Das nennt man auch *Minimalismus*. Leider ist die ganze Idee bald an ihrer eigenen Wenigkeit zugrunde gegangen. Zurückgeblieben sind nur ein paar Häufchen von Buchstaben:

z
e

r a   u m

i
t

Und so könnten wir weitermachen mit immer neuen Figuren. Die Spiele der Dichter sind unerschöpflich. Da ist ein Ende ebensowenig abzusehen wie bei einem Lied, das wahrscheinlich jeder, der Deutsch spricht, auswendig kann (nicht nur Ernst Jandls Otto mit seinem Mops) – eine kleine Nationalhymne, die sich in den Schwanz beißt:

Ein Mops lief in die Küche
und stahl dem Koch ein Ei.
Da nahm der Koch den Löffel
und schlug den Mops zu Brei.

Da kamen alle Möpse
und gruben ihm ein Grab
und setzten einen Grabstein,
auf dem geschrieben stand:
Ein Mops lief in die Küche
und stahl dem Koch ein Ei …

KANNITVERSTAN

»Ich weiß nicht, was soll es bedeuten …« – »Ich verstehe immer nur Bahnhof.« Das soll vorkommen. Es gibt eine wunderbare Geschichte von Johann Peter Hebel, in der ein Handwerksbursche aus Tuttlingen nach Amsterdam kommt. Er wundert sich über die schönen Häuser und fragt einen Passanten, wem sie gehören. Der Holländer antwortet ihm: »Kannitverstan.« Aber weil der Handwerksbursche kein Holländisch kann, versteht er nicht, daß der andere ihn nicht versteht.

Mancher steht auch vor einem Gedicht wie der Ochs vorm Berg. Aber da müßte er zuerst einmal verstehen, was das heißt: Verstehen. Schließlich lesen wir das meiste, was wir lesen, auf deutsch, und das ist eine Sprache, die uns nicht ganz unbekannt ist. Also, wo ist da das Problem? Vielleicht bilden wir uns nur ein, daß Gedichte etwas Rätselhaftes sind und daß wir, um sie zu kapieren, auf die Hilfe von Spezialisten angewiesen sind?

Jeder kennt doch die Fremdenführer, die einem auf dem streng geregelten Rundgang durch die Ritterburg in den Ohren liegen mit ihren auswendig gelernten Erklärungen. Am liebsten treiben sie die Touristen mit einem kleinen Schirmchen vor sich her wie eine Hammelherde. Wehe dem, der sich die Sehenswürdigkeiten lieber allein ansehen möchte. Das kommt gar nicht in Frage! Da wäre ja das Trinkgeld des Guides in Gefahr!

Ebenso geht es uns mit der Kunsthistorikerin, die uns mit ihrem Monolog durch das Museum führt. Statt daß man sich erst einmal selber umschaut, um etwas zu entdecken, was einen wirklich interessiert, ist man ihren zweifellos hervorragenden Fachkenntnissen wehrlos ausgeliefert.

So ähnlich ergeht es uns auch mit der Lektüre von Gedichten. Immer ist da schon jemand, der sie uns erklären will und der uns einredet, daß wir ohne seine Hilfe aufgeschmissen wären.

Was will uns der Dichter sagen? Mit dieser blöden Frage fängt es an. Sie treibt Lehrer und Schüler direkt dem häßlichen Laster der Interpretation in die Arme.

Dabei hat der arme Dichter doch schon gesagt, was er sagen wollte; wahrscheinlich will er einfach beim Wort genommen werden. Aber nein, offenbar hat er sich nicht deutlich genug ausgedrückt, offenbar braucht er einen Fachmann, der ihm auf die Sprünge hilft, damit wir endlich begreifen, was er gemeint hat!

Also noch einmal: Was versteht man eigentlich darunter, daß man ein Gedicht versteht (oder nicht versteht)? Da gibt es, glaube ich, mehrere Möglichkeiten.

Die erste ist die einfachste. Es könnte nämlich sein, daß es da gar nichts zu verstehen gibt! Daß das Gedicht gar kein Thema, gar keine Aussage, gar keinen Inhalt hat. Bei einer Klaviersonate fragt man doch auch nicht, was sie »bedeutet«. Man kann ihr zuhören, man kann in der Musik versinken, man kann, wenn man Lust dazu hat, sogar die Noten lesen und begreifen, wie sie gebaut ist; aber man wird nicht weit damit kommen, wenn man versucht, ihre »generellen Aussagen und logisch-kausalen Konjunktionen« auf ihren »Stellenwert« hin zu überprüfen. Wer's mit diesem schönen Liedchen probiert, der kann einem nur leid tun:

Singet leise, leise, leise,
Singt ein flüsternd Wiegenlied,
Von dem Monde lernt die Weise,
Der so still am Himmel zieht. [...]

Singt ein Lied so süß gelinde,
Wie die Quellen auf den Kieseln,
Wie die Bienen um die Linde
Summen, murmeln, flüstern, rieseln.

Hier lautet die Antwort: Der Dichter wollte uns gar nichts Bestimmtes sagen, er wollte uns nur einen Moment lang verzaubern. Das heißt aber noch lange nicht, daß Brentano leeres Stroh gedroschen hat. Im Gegenteil: Es handelt sich um eines der schönsten Gedichte deutscher Sprache. Man kann sagen: es ist Musik in unsern Ohren; und sowenig ein Musikwissenschaftler uns erklären kann, warum wir gerade diese Klaviersonate oder jenes Lied nie wieder vergessen, so schwer läßt sich sagen, was den Zauber von ein paar Zeilen ausmacht, die sich gar nicht auf irgendeinen Inhalt reduzieren lassen.

Aber kann man überhaupt ein vollkommen nichtssagendes Gedicht schreiben? Das ist gar nicht so einfach! Rolf Dieter Brinkmann hat's versucht:

Ein Gedicht

Hier steht ein Gedicht ohne einen Helden.
In diesem Gedicht gibts keine Bäume. Kein Zimmer
zum Hineingehen und Schlafen ist hier in dem
Gedicht. Keine Farbe kannst du in diesem

Gedicht hier sehen. Keine Gefühle sind
in dem Gedicht. Nichts in diesem Gedicht
ist hier zum Anfassen. Es gibt keine Gerüche hier in
diesem Gedicht. Keiner braucht über einen Zaun

oder über eine Mauer in diesem Gedicht zu klettern.
Es gibt in diesem Gedicht hier nichts zu fühlen.
Das Gedicht hier kannst du nicht überziehen.
Es ist nicht aus Gummi. Kein weißer Schatten

ist in dem Gedicht hier. Kein Mensch kommt
hier in diesem Gedicht von einer Reise zurück.
Kein Mensch kommt in diesem Gedicht hier atemlos

die Treppe herauf. Das Gedicht hier macht keine
Versprechungen. In dem Gedicht stirbt auch keiner.
In diesem Gedicht spürst du keinen Hauch …

Aber je mehr der Dichter beteuert, daß nichts und niemand in seinem Text vorkommt, desto mehr kommt darin vor … Sogar Goethe, sogar das Kondom. Alles, was er rausschmeißt, kommt durch die Hintertür wieder rein. Auf diese Weise leert sich das Gedicht nicht, es wird im Gegenteil immer voller. Deshalb könnte Brinkmann ewig so weitermachen, so lange, bis er die ganze Welt erwähnt hat. Er braucht 96 Zeilen, bis er das einsieht und, vielleicht aus Erschöpfung, damit aufhört, indem er sagt: »Das Gedicht hört hier einfach auf.«

Vielleicht aus Wut über die Leute, die uns dauernd erklären wollen, was der Dichter uns sagen wollte und was sein Gedicht *eigentlich* bedeutet, haben die Dadaisten beschlossen, allen auf der Nase herumzutanzen, die auf Teufel komm raus interpretieren wollten, und das ist ihnen auch gelungen:

KARAWANE

jolifanto bambla ô falli bambla
grossiga m'pfa habla horem
égiga goramen
higo bloiko russula huju
hollaka hollala
anlogo bung
blago bung
blago bung
bosso fataka
ü üü ü
schampa wulla wussa ólobo
hej tatta gôrem
eschige zunbada
wulubu ssubudu uluw ssubudu
tumba ba- umf
kusagauma
ba - umf

Da gibt es offenbar nicht viel zu verstehen – oder mißzuverstehen. Aber nicht immer ist die Sache so einfach. Denn es gibt auch Gedichte, die so schwierig zu öffnen sind wie ein Banktresor. Daran sind nicht die Professoren schuld, die mit ihrem Werkzeugkasten herbeieilen, um den geheimnisvollen Code zu knacken; manche Dichter haben selber an der Legende mitgestrickt, daß es sich bei ihren Versen um etwas gänzlich Mysteriöses handelt, das dem gemeinen Menschenverstand gar nicht zugänglich ist. Sie haben es darauf angelegt, das, was sie vielleicht sagen wollten, gehörig zu verschlüsseln, und sind stolz darauf, daß wir sie nicht verstehen.

Solche dunklen, schwierigen, *hermetischen* Gedichte sind natürlich nicht jedermanns Sache. In solchen Fällen ist es wahrscheinlich am besten, man gibt zu: Ich verstehe nix. Schließlich ist niemand verpflichtet, *alles* zu kapieren, sich seitenweise durch einen kleingedruckten Kommentar durchzuwühlen oder stundenlang an einer Denksportaufgabe herumzuknobeln. Oft fällt es dem gutwilligen Leser sogar schwer, zu entscheiden, ob der Text »zu hoch« für ihn ist oder ob es sich nur um hochgestochenen Blödsinn handelt.

Die *Pisaner Gesänge* sind ein unerhört berühmtes Gedicht, das ein unerhört berühmter amerikanischer Dichter namens Ezra Pound verfaßt hat. Eine Kostprobe:

[…] »Hab' doch kein Staatsverbrechen nich' verübt,
        Nur'n kleines Vergehn«
Sprach Mr. A. Little oder womöglich Mr. Nelson, oder Washington
verwundert über die Schrullen unsrer kommenden Θέμις
Amo ergo sum, und zwar genau in dem Maße
Und Margots Tod wird für das Ende einer Ära stehen
und der gute Walter saß mitten in der Brandschatzung Finlandias
recht viel Polar-Weiß
    doch das Gas gesperrt.
Debussy hatte seinen Vortrag lieber
    auch das war eine Ära [Mr. W. Rummel]

eine Ära von *croissants*
darauf eine Ära von *pains au lait*
und der Eukalyptuszipf fehlt
»Come pan, niño!« …

Ach so, Sie wissen nicht, wer Margot ist? Nie von Mr. A. Little und von Mr. W. Rummel gehört? Und mit ihrem Spanisch, wie sieht es da aus? Ja, dann haben Sie eben Pech gehabt! Was, nicht einmal Griechisch und Latein können Sie? Unmöglich! Solche Ignoranten, wie Sie einer sind, kommen als Leser meines einzigartigen Gedichts überhaupt nicht in Frage! Das können Sie sich merken!
Das wollen wir uns gesagt sein lassen und auf die Lektüre dieses Meisterwerks verzichten. Wer uns ein derart freches Kuddelmuddel zumutet, ist entweder ein unverschämter Hochstapler, oder er ist verrückt. Als mildernden Umstand wollen wir immerhin anmerken, daß der Dichter seine *Gesänge* bei 34 Grad Hitze in einem Käfig geschrieben hat; in den war er von der amerikanischen Armee 1945 eingesperrt worden, weil er sich mit dem italienischen Diktator Mussolini und den Faschisten eingelassen hatte. Vielleicht litt er an einem Sonnenstich? Tut uns aufrichtig leid, macht die Sache aber nicht besser.

Aber Vorsicht! Wenn wir einen Text nicht auf Anhieb verstehen, bedeutet das noch lange nicht, daß uns der Autor zum Narren halten will. Manchmal lohnt es sich, genauer hinzuschauen. Dann entgeht dem denkfaulen Leser das Beste. Nur keine Angst, beim zweiten Blick auf ein Gedicht geht einem oft ein Licht auf. Umgekehrt gibt es allerdings auch Verse, bei denen der Groschen nur allzu schnell fällt. Wir wissen sofort, was gemeint ist, und das ist keineswegs ein Vorzug. Wofür halten die Verfasser uns? Glauben sie, sie hätten es mit einem Publikum von Idioten zu tun?

Ich kenn' eine Stadt, voll Glanz und voll Licht.
Ich kenn' eine Stadt, die vergesse ich nicht.
Viel Herz und große Klappe,
die Liebe nur im Sinn,
'n Humor, der nicht von Pappe,
Berlin, Berlin, Berlin.

Macht nichts! Im Schlager ist alles erlaubt, ja, der Schwachsinn macht geradezu seinen Charme aus. Aber wenn ein durchaus begabter Dichter Locken auf der Glatze dreht, ist das schon ein wenig ärgerlich. Johannes R. Becher, ehemals Expressionist, später Kulturminister der DDR, hat uns die folgende Hymne hinterlassen:

Danksagung

Es wird ganz Deutschland einstmals Stalin danken.
In jeder Stadt steht Stalins Monument.
Dort wird er sein, wo sich die Reben ranken,
und dort in Kiel erkennt ihn ein Student.

Dort wirst du, Stalin, stehn, in voller Blüte
der Apfelbäume an dem Bodensee,
und durch den Schwarzwald wandert deine Güte,
du winkst heran zu dir ein scheues Reh. […]

In Stalins Namen wird sich Deutschland einen.
Er ist es, der den Frieden uns erhält.
So bleibt er unser und wir sind die Seinen,
und Stalin, Stalin heißt das Glück der Welt.

Da hätten wir ihn lieber nicht verstanden.

Die haltbarsten Gedichte sind vielleicht wie eine Zwiebel gebaut. (Wer Zwiebeln nicht ausstehen kann, den bitte ich um Verzeihung für diesen Vergleich.) Die Außenhaut einer Zwiebel glänzt in einer wunderbaren Farbe, die zwischen Rosa, Braun und Orange schillert. Sie ist nicht zum Essen da, sondern zum Anschauen. Manche badischen Weine zeigen diesen Farbton; auch in Frankreich gibt es einen Wein, der *poil d'oignon* heißt – Zwiebelschale. Wenn man sie ablöst, kommt die erste weiße Schicht darunter zum Vorschein, und je weiter man nach innen vordringt, desto heftiger wird das Aroma.

Es gibt Gedichte, die nach diesem Modell gebaut sind. Von außen gesehen glänzen sie durch ihre fast perfekte, einladende Form. Wer sie nur flüchtig betrachtet, freut sich an ihrem Anblick. Wem das nicht genügt, der kann die Zwiebel nach und nach schälen, und jede Schicht hat etwas Neues zu bieten. Irgend etwas kapiert bei einem solchen Verfahren jeder. Wer sich aber nicht mit der äußeren Schale zufriedengibt, den belohnt das Gedicht, vorausgesetzt, es hat's in sich, mit einer Überraschung.

Es gehören eben mindestens zwei dazu, damit etwas Spannendes passiert: ein Autor und ein Leser. Das hört sich banal an, ist aber gar nicht so einfach. Zwar sieht es ganz so aus, als stünde der Text, den der Dichter geschrieben hat, ein für allemal fest. Aber trotzdem gibt es wahrscheinlich keine zwei Leser, die dasselbe aus ihm herauslesen. Schon aus diesem simplen Grund kann es die einzig wahre, die korrekte Interpretation nicht geben.

Hier ist die (erfundene) Probe aufs Exempel. Fünf Leute, Anna, Robert, Naomi, Moritz und Sylvia, führen sich das folgende Gedicht zu Gemüte, und wir nehmen natürlich an, daß sie das freiwillig tun. Niemand hat sie gezwungen, sie müssen keine Klassenarbeit darüber schreiben, sie tun's zu ihrem eigenen Spaß. Das ist auch besser so; denn wie gesagt, Lyrik und Terror, das paßt einfach nicht zusammen.

Augsburg

Ein Frühjahrsabend in der Vorstadt.
Die vier Häuser der Kolonie
Sehen weiß aus in der Dämmerung.
Die Arbeiter sitzen noch
Vor den dunklen Tischen im Hof.
Sie sprechen von der gelben Gefahr.
Ein paar kleine Mädchen holen Bier
Obwohl das Messingläuten der Ursulinerinnen schon herum ist.
In Hemdärmeln lehnen sich die Väter aus den Kreuzstöcken.
Die Nachbarn hüllen die Pfirsichbäumchen an der Häuserwand
In weiße Tüchlein wegen des Nachtfrosts.

Anna: Ausgerechnet Augsburg! Fünf Jahre habe ich in dem Kaff vertrödelt! Ich bin froh, daß ich weg bin. Daß der Brecht sich danach zurücksehnt, und das tut er doch, verstehe ich beim besten Willen nicht.

Naomi: Vielleicht hat er Heimweh gehabt. Wann hat er's eigentlich geschrieben?

Robert: Weiß ich nicht. *(Er schaut im Buch nach.)* Aha, Anfang 1939. Da war er in Dänemark, im Exil. Wenn sie dich aus Deutschland rausgeekelt hätten, Anna, hättest du vielleicht auch anders über deine Heimat geredet. Außerdem war der Brecht damals schon über vierzig. In dem Alter kommen bei den meisten irgendwelche Kindheitserinnerungen hoch.

Moritz: Ja, drum kommt mir das Ganze auch wie ein altes Schwarzweißfoto aus irgendeiner Schublade vor. Ich weiß nicht warum, aber es hat so einen Arme-Leute-Geruch von früher.

Anna: Stimmt. Ich kenne die Gegend. Sieht heute noch ein bißchen heruntergekommen aus. Die Kolonie, das war in der Bleichstraße, da wohnten die Arbeiter aus der Papierfabrik. Dem Brecht sein Vater auch, obwohl er Direktor war.

Moritz: Woher weißt du denn das?

Anna: Weil da so eine Plakette an dem Haus hängt, wegen Brecht. Die Augsburger konnten ihn ja nicht leiden, weil er Kommunist war, aber dann, als er so berühmt wurde, haben sie eine Tafel hingehängt.

Moritz: Wieso reden die Arbeiter von der gelben Gefahr? Was soll denn das heißen?

Robert: Da war, glaube ich, irgendein Krieg in China, so ungefähr 1900 oder 1910, und dann hieß es in den Zeitungen: Die Chinesen kommen, so wie später die Russen, und wahrscheinlich sind die Arbeiter darauf hereingefallen.

Moritz: Trotzdem, ich finde, das paßt nicht zu dem Gedicht, das hätte ich an seiner Stelle weggelassen.

Naomi: Ihr mit eurer blöden Politik! Habt ihr nicht gemerkt, daß es ein Frühlingsgedicht ist? Die Leute sind froh, daß sie ihr Bier endlich wieder draußen im Freien trinken können. Wahrscheinlich waren die Wohnungen eng und muffig. Obwohl es abends noch ziemlich kalt war. Deswegen mußten sie ja die Pfirsichbäumchen mit Tüchern abdecken, damit sie nicht erfrieren.

Anna: Ob die schon geblüht haben?

Naomi: Auf gar keinen Fall. Im März doch nicht.

Anna: Woher willst du wissen, daß es im März war? Das steht doch gar nicht drin.

Moritz: Und was ist mit den Ursulinerinnen? Die habt ihr wohl vergessen?

Robert: Aha, jetzt meldet sich unser Katholik.

Moritz: Der Brecht war doch auch katholisch. Drum hat er auch ganz genau gewußt, wann die im Kloster zur Komplet läuten, nämlich gleich nach Sonnenuntergang.

Anna: Was soll denn das heißen, zur Komplet?

Moritz: Das ist ihr Abendgebet, bevor sie ins Bett gehen.

Sylvia: Also ich weiß nicht, ich finde, ihr habt das, was mir am besten an dem Gedicht gefällt, überhaupt nicht bemerkt.

Robert: So?

Sylvia: Ja. Es ist nämlich überhaupt kein Schwarzweißfoto, sondern ein Gemälde. Lauter gedämpfte Farben: die weißen Häuser, die dunklen Tische, das Bier im Glas, die Nonnen mit ihren weißen Hauben, die hellen Tücher und die Pfirsichblüten, die, glaube ich, ganz hellrosa sind. Nicht einmal bei den Abendglocken geht es ohne Farbe ab: das, was wir hören, nennt er ein Messingläuten! Sogar die Gefahr leuchtet gelb in der Dämmerung, das ist doch Absicht!

Anna: Ach so! Du meinst also, er hat gar nicht die Chinesen gemeint, er wollte nur ein bißchen Gelb in sein Gedicht bringen?

Sylvia: Ihr habt ja keine Ahnung! Wenn er von den Chinesen spricht, meint er die Chinesen und zugleich was anderes. Und wenn er es läuten hört, dann sieht er etwas, was die andern nicht sehen, nämlich, wie das Messing glänzt. Augsburg hin oder her: das ist die Kunst.

So bringt jeder, der ein Gedicht liest, immer schon allerhand mit. Seine Biographie, seine Muttersprache, die Orte, die er kennt, Vorlieben und Abneigungen, Geduld oder Ungeduld, seine Wurschtigkeit oder seine Neugier. Und weil jeder, der dasselbe liest, etwas anderes liest, drum gilt, was Lichtenberg von den Büchern sagt, auch für Gedichte: »Wenn ein Buch und ein Kopf zusammenstoßen und es klingt hohl, ist das allemal im Buch?«

Was Anna und Naomi, Robert und Moritz können, das können wir auch: eine Viertelstunde lang über ein Gedicht reden, das es in sich hat, ohne Stress. Dabei kann jeder sagen, was ihm dazu einfällt. Das Schöne daran ist, daß es ebenso viele Lesarten wie Leser gibt. Je stärker der Text, desto wilder wird die Unterhaltung. Hier ist ein berühmtes Gedicht aus dem Jahr 1911, an dem sich das ausprobieren läßt. Der Autor, Jakob van Hoddis, wurde 1942 von den Nazis umgebracht.

Weltende

Dem Bürger fliegt vom spitzen Kopf der Hut,
In allen Lüften hallt es wie Geschrei,
Dachdecker stürzen ab und gehn entzwei
Und an den Küsten – liest man – steigt die Flut.

Der Sturm ist da, die wilden Meere hupfen
An Land, um dicke Dämme zu zerdrücken.
Die meisten Menschen haben einen Schnupfen.
Die Eisenbahnen fallen von den Brücken.

SELBER MACHEN

Die Gehirnforscher sind sich einig: Früher waren wir alle einmal unheimlich begabt. Wir haben gehen gelernt, uns aus dem Stand die deutsche Grammatik und eine Menge neuer Wörter angeeignet, unsere Eltern mit tausend philosophischen Fragen genervt und viele originelle Bilder gemalt. Später sind uns diese enormen Talente zum größten Teil abhanden gekommen; Französisch oder Latein mußten wir mühsam büffeln, und mit unseren Malkünsten ging es steil bergab.
Was am Ende herausgekommen ist, nennen die Mathematiker eine Normalverteilung. Sie sieht so aus:

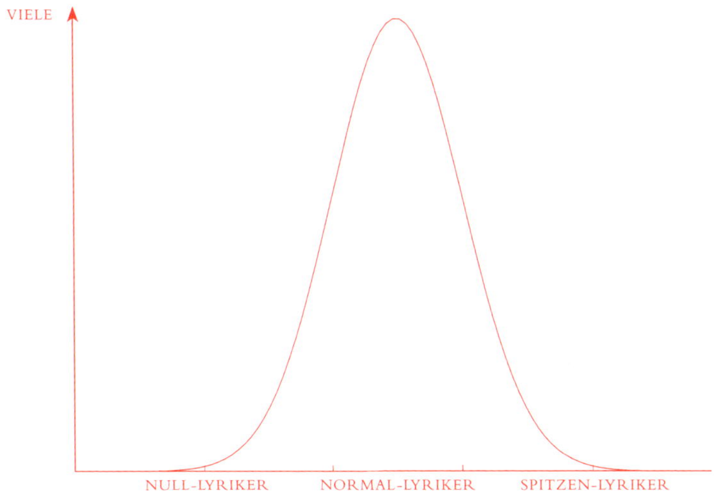

Ganz egal, welche Eigenschaften man untersucht, stets siegt die Regel über die Ausnahmen. Es gibt wenig Zwerge und wenig Riesen; die meisten Menschen begnügen sich mit einer normalen Körpergröße. Genauso ist es mit den Talenten. Links sind die hoffnungslosen Fälle aufgetragen. Glücklicherweise gibt es nur wenige Menschen, die völlig unbegabt sind. Gegen die Mitte zu steigt die Kurve an, und sie erreicht ihr Maximum beim statistischen Durchschnitt. Noch weiter rechts sinkt sie wieder ab, und je üppiger die Talente ausfallen, desto geringer sind sie an der Zahl, bis am Ende der Skala die Zahl der Genies gegen null tendiert.

Das gilt sicherlich auch für die Verfasser von Gedichten. Ganz grauenhaftes Zeug schreiben vermutlich nur die wenigsten; die meisten liefern Durchschnittsware, und die ganz fabelhaften Dichter sind selten.

Das soll aber niemanden davon abhalten, sich selber ans Werk zu machen. Es wäre doch gelacht, wenn wir nicht auch ein Gedicht zustande brächten! Nur Mut. Im schlimmsten Fall steht uns unter dem Tisch ein wichtiger Helfer zur Verfügung, wenn wir mit dem Ergebnis unzufrieden sind. Viel wegschmeißen! Der Papierkorb ist des Autors bester Freund.

Wir brauchen auch nicht bei null anzufangen. Schließlich blickt die Menschheit auf ein paar tausend Jahre Erfahrung in dieser Kunst zurück. Davon kann sich jeder ein paar Scheiben abschneiden. Es ist schon erstaunlich, was man alles von seinen Vorgängern lernen kann.

Das ist wie in der Geschichte von dem Musiker, der in Berlin einen Passanten fragte: »Wie komme ich bitte zur Philharmonie?«, und der Gefragte antwortete ihm: »Üben, üben, üben!« Auf diese Weise kann jeder sein Ohr trainieren, sich tausend Zaubertricks aneignen, mit einem Wort: besser werden, als er ist.

Aber womit sollen wir anfangen? Wovon soll unser erstes Gedicht *handeln*? Brauchen wir ein *Thema*? Was soll denn das überhaupt heißen: Thema? (Das Schrecklichste, was einem in der Schule passieren kann, ist das mit roter Tinte verhängte Urteil: »Thema verfehlt!«)

Keine Sorge, die Poesie ist ein Allesfresser, und es gibt schlechterdings nichts, was in ihr nicht seinen Platz fände. Natürlich gibt es unter den Dichtern Spezialisten, die sich auf ein ganz bestimmtes Thema verlegt haben. Francesco Petrarca zum Beispiel hatte eine Freundin namens

Laura, von der er dermaßen angetan war, daß er 366 Liebesgedichte auf sie verfaßt hat. Die sogenannten Naturlyriker schrieben ganze Bände über Käfer und Gräser, und ihre Bücher hießen *Der Silberdistelwald* oder *Der Laubmann und die Rose.* Manche Leute glauben auch, die Poesie wäre nur für unsere Gefühle zuständig, so als wäre es den Dichtern verboten, zu denken. Warum ausgerechnet das Gehirn beim Schreiben keine Rolle spielen sollte, leuchtet mir allerdings nicht recht ein. Hie und da gibt es auch dumme Dichter – warum nicht? Aber das hängt, wie wir wissen, mit der Normalverteilung zusammen, und da kann man eben nichts machen. Eine andere Spezialität ist die sogenannte Gesellschaftskritik. Auf die verlegen sich Autoren, die in ihren Versen am liebsten über die Politik schimpfen oder irgendeine Revolution loben. Dagegen ist natürlich nichts einzuwenden. Wenn uns allerdings irgendwelche Aufpasser einreden wollen, was ein Dichter alles darf, soll oder muß, dann hört der Spaß auf. Zum Beispiel sagen manche: Wie kannst du nur ein Gedicht über den Zungenkuß oder über die Schokolade schreiben, während in Afrika Kinder verhungern? Von solchen erpresserischen Moralpredigern sollten wir uns lieber nicht einschüchtern lassen.

Niemand kann der Lyrik Vorschriften machen. Sie ist vielleicht die freieste Form menschlicher Äußerung. Pablo Neruda hat sich erlaubt, Oden an die Faulheit, an die Zwiebel, ja sogar an seine Socken zu schreiben:

> […] zwei Socken, mollig anzufühlen
> wie Hasen.
> In sie
> steckte ich die Füße
> wie
> in zwei
> Futterale
> gewebt
> aus Fäden der
> Dämmerung
> und Fell der Schafe …

Ein Gedicht kann eben von allem handeln, was der Fall ist, und damit basta.

Eine andere interessante Frage, über die wir uns den Kopf zerbrechen sollten, ist die folgende: Wer spricht da eigentlich zu uns, wenn wir ein Gedicht lesen? Das muß nicht unbedingt der Verfasser sein. Das »Ich« in einem Gedicht von Herrn Eichendorff muß nicht mit dem Ich von Herrn Eichendorff identisch sein, und mit dem »Du« ist nicht unbedingt der Leser gemeint. Vielleicht redet der Verfasser auch mit sich selber? Ich, du, er, sie, es, wir, ihr, sie – die Grammatik der Dichter hat viele Möglichkeiten. Was ändert sich in den folgenden Zeilen, wenn wir die Personen gewissermaßen umtopfen?

Am Brunnen steh ich lange,
Der rauscht fort, wie vorher,
Kommt mancher wohl gegangen,
Es kennt mich keiner mehr.

Am Brunnen stehst du lange,
Der rauscht fort, wie vorher,
Kommt mancher wohl gegangen,
Es kennt dich keiner mehr.

Am Brunnen steht er lange,
Der rauscht fort, wie vorher,
Kommt mancher wohl gegangen,
Es kennt ihn keiner mehr.

Am Brunnen steht sie lange,
Der rauscht fort, wie vorher,
Kommt mancher wohl gegangen,
Es kennt sie keiner mehr.

Am Brunnen stehn wir lange,
Der rauscht fort, wie vorher,
Kommt mancher wohl gegangen,
Es kennt uns keiner mehr.

Am Brunnen stehn sie lange,
Der rauscht fort, wie vorher,
Kommt mancher wohl gegangen,
Es kennt sie keiner mehr.

Wahrscheinlich ist Herrn Eichendorffs Version die beste. Er wußte schon, was das Ich in seinem Gedicht zu bedeuten hatte – ein Jemand, der zum Niemand wird.

Mit diesem kleinen Versuch sind wir schon von der Theorie in die Praxis geraten. Auch wenn es nicht wahr ist, daß Probieren über Studieren geht – das eine verträgt sich durchaus mit dem andern –, so wäre es vielleicht nicht die schlechteste Idee, wenn wir zum Schluß ein paar Probeläufe beim Selbermachen unternähmen. Nur durch Schreiben kann man Schreiben lernen, egal, ob es sich um eine Reportage handelt oder um ein Gedicht.

Die meisten der folgenden Spiele kann man, ganz nach Belieben, allein, zu zweit oder zu vielen trainieren. Unter Freunden können sie sogar in eine Art Wettstreit ausarten; gewonnen hat, wer die meisten Stimmen auf sich vereinigt. Wir fangen mit dem leichtesten Spiel an und hören mit dem schwierigsten auf.

NUMMER EINS: ***Brezel, Feder, Pause, Klage, Firlefanz.*** Hier besteht die Aufgabe darin, diese Wörter »derart in einen bündigen Zusammenhang zu bringen, daß ihre Reihenfolge nicht verändert wurde«. So erklärt es Walter Benjamin, der dieses Spiel offenbar gern gespielt hat. Ein Zwölfjähriger hat daraus dieses kleine Gedicht gemacht:

Die Zeit schwingt sich
Wie eine Brezel
Durch die Natur.
Die Feder malt die Landschaft,
Und entsteht eine Pause,
So wird sie mit Regen ausgefüllt.
Man hört keine Klage,
Denn es gibt keinen Firlefanz.

Also: Denkt euch fünf x-beliebige Wörter aus und schreibt sie auf. Dann bekommt jeder einen Bleistift und ein Blatt Papier und schreibt ein Gedicht, in dem sie alle fünf, und zwar in der richtigen Reihenfolge, vorkommen.

NUMMER ZWEI: ***Fasse dich kurz!*** Eines muß man den meisten Gedichten lassen: sie sind kurz. Es gibt kaum eine sparsamere Art, sich auszudrücken, als die Lyrik. Zum Beweis nehmen wir eine längeren Abschnitt aus einem Roman oder einer Erzählung, zum Beispiel den:

»Das Hauptdeck lag halb im Dunkel; nur aus den offenen Türen des Logis brachen zwei helle Lichtstreifen und durchschnitten die Schatten, die eine ruhige Nacht über das Schiff breitete. Von der Back her drang das Geräusch von Stimmen; und in den erleuchteten Türgängen, back- und steuerbord, tauchten für Augenblicke die bewegten Silhouetten von Menschen auf, ganz schwarz und flächig, wie aus Zinkblech geschnitten. Das Schiff war klar zum Auslaufen. Der Zimmermann hatte die letzten Lukenschalen verkeilt, dann, mit dem Schlag fünf, den Schlegel weggelegt und sich mit großer Erleichterung die Stirn getrocknet. Die Decks waren reingewaschen, das Spill geölt und für das Ankerlichten instand gesetzt; das schwere Schlepptau lag in langen Buchten längsseits am Hauptdeck, ein Ende hochgezogen und über die Backen gehängt, fertig für den Schlepper; der würde dann, heiß und rauchig, mit Plätschern und Zischen in die klare, kühle Ruhe des frühen Morgens hineinlärmen.«

Und jetzt machen wir aus dem Material, das der Romancier Joseph Conrad uns geliefert hat, ein Gedicht. Hier ist ein erster Versuch:

Ein Schiff im Halbdunkel.
Schattenhaft das Gemurmel der Mannschaft.
Halbschlaf in Erwartung des kühlen Morgens,
der sie alle mit sich hinaus
in die ferne Mündung schleppt.

Ziemlich stimmungsvoll, wenn auch nicht ganz so gut wie Joseph Conrads Prosa, aber dafür hat er auch fünfzehn Zeilen gebraucht, und wir nur fünf. Wer macht es besser?

NUMMER DREI: ***Die Nacherzählung.*** Es geht aber auch umgekehrt. Wenn man versucht, das, was in einem Gedicht steht, nicht etwa durch eine dieser gefürchteten Interpretationen zu analysieren, sondern schlicht und einfach in Prosa zu verwandeln, dann stellt sich meistens heraus, daß das entweder gar nicht geht, wie beim Brezel-Gedicht aus Spiel Nummer eins, oder es kommt etwas dabei heraus, das ziemlich komisch klingt. Michael Rutschky hat das vor einiger Zeit mit einem Gedichtband eines wohlbekannten Lyrikers ausprobiert:
»Am Anfang hat Herr K. eine Schlafstörung. [...] Später findet ihn seine Tochter nicht am Schreibtisch, sondern in der Garage beim Autobasteln, und er weist sie darauf hin, daß das Dichten seine Zeit braucht (Herr K. hat nämlich nicht nur Schlaf-, sondern auch Arbeitsstörungen).«
Damit meint der Nacherzähler das Gedicht *Gründe, das auto zu pflegen:*

Schon wieder in der garage!
(die tochter beim anblick des verlassenen schreibtischs)
Wegen der großen entfernungen, tochter
Wegen der entfernungen
von einem wort zum andern

»Dann hat Herr K. wieder eine Schlafstörung. Unter anderem quält ihn, daß er einem jungen Mädchen, obwohl er Dichter ist, keine Antwort auf die letzten Fragen geben kann. [...] Statt zu dichten (er hat wieder eine Arbeitsstörung), beschneidet er die Apfelbäume; und im Winter starrt er auf den Schnee, weil ihm nichts einfällt (zum Autobasteln ist es wohl zu kalt).«
Das ist unfair! wird in so einem Fall der Dichter rufen, und damit hat der Dichter natürlich recht. Wir wollen das Spiel aber trotzdem spielen, weil es Spaß macht und weil es etwas über den Unterschied von Poesie und Prosa besagt. Eure Nacherzählung muß ja nicht so boshaft ausfallen wie im Fall von Herrn K. Sucht euch also irgendein Gedicht aus und schreibt mit dürren Worten auf, wovon darin die Rede ist! Manche Texte überstehen diese Prozedur ganz unbeschadet, andere wirken da-

bei vielleicht eher sonderbar oder komisch. Die Frage ist nur, wer wohl daran schuld ist – die Poesie oder die Prosa?

NUMMER VIER: ***Groß und klein.*** Wenn es wahr ist, daß die Poesie ein Allesfresser ist, dann kann sie von etwas Winzigem ebensogut handeln wie von etwas ganz Gewaltigem. Es gibt schätzungsweise ein paar hunderttausend Gedichte, die sich über die Vergänglichkeit beklagen, darüber, daß alles, was entsteht, irgendwann wieder zugrunde gehen muß und daß wir alle irgendwann mal sterben werden. Manche von ihnen sind sehr gut; eines der besten stammt von Andreas Gryphius:

> [...] Was bilden wir uns ein? Was wünschen wir zu haben?
> Itzt sind wir hoch und groß und morgen schon vergraben;
> Itzt Blumen, morgen Kot; wir sind ein Wind, ein Schaum,
>
> Ein Nebel und ein Bach, ein Reif, ein Tau, ein Schatten.
> Itzt was und morgen nichts; und was sind unser Taten,
> Als ein mit herber Angst durchaus vermischter Traum?

Und jetzt das Gegenteil: Ein Dichter nimmt sich etwas ganz Alltägliches, Geringfügiges vor, zum Beispiel ein Zündholz. Was soll an dem schon poetisch sein?

Das Streichholz

> Das Feuer gab dem Streichholz einen Körper.
> Einen lebendigen Körper, mit seinen Gebärden,
> seinem Überschwang, seiner kurzen Geschichte.
> Die Gase strömten aus ihm und flammten auf,
> verliehen Flügel ihm und Kleider, ja einen Leib:
> eine bewegliche,
> bewegende Form.

Das ging schnell.

Nur dem Kopf eignet die Kraft, sich zu entzünden, beim
Zusammenstoß mit einer harten Wirklichkeit,
– dann klingt's wie ein Startschuß.
Sobald er aber Feuer gefangen hat,
überzieht die Flamme
– geradeswegs, flink, mit geneigtem Segel wie ein Boot bei der
Regatta –
das ganze Stückchen Holz.

Kaum hat sie gewendet,
läßt sie es schon
schwarz wie einen Pfaffen zurück.

Die Frage ist nun: Was ist schwerer? Um das herauszufinden, wählt euch 1. etwas, das euch schwer auf der Seele liegt, einen großen Kummer oder ein weltbewegendes Problem, und 2. einen x-beliebigen unscheinbaren Gegenstand, und über beides schreibt ihr ein Gedicht. Vielleicht stellt sich dabei heraus, daß auch die Klorolle ihre Geheimnisse hat und daß die Fliegenklatsche gar nicht so harmlos ist, wie sie aussieht?

NUMMER FÜNF: ***Die erste und die letzte Zeile.*** Auch das ist eine Aufgabe, die es in sich hat. Jeder von euch schreibt auf einen Zettel die erste und die letzte Zeile eines Gedichts, das es noch gar nicht gibt, und reicht sie weiter an seinen Nachbarn. Je besser die Zeilen, desto mehr Spaß macht das Spiel. Hier sind ein paar an den Haaren herbeigezogene Beispiele, aber nur, damit ihr wißt, wie es geht:

Wer weiß, was du im Badezimmer treibst?
.....
Doch so was kommt in keinem *Tatort* vor.

(Diese Zeilen hören sich ganz so an, als sollte ein gereimtes Gedicht daraus werden.)
Oder:

> Früher, glaube ich, zahlte den Frust nicht die Krankenkasse.
> .....
> Dann gehen in unserer Disko die Lichter aus.

Sucht euch selber eine erste und eine letzte Zeile aus! Irgendwas wird euch schon einfallen. Wenn jeder einen solchen Zettel mit zwei Zeilen hat, beginnt das Spiel.

NUMMER SECHS: ***Die Übersetzung.*** Es gibt wenig Fitneß-Übungen, bei denen man so viel über das Gedichteschreiben lernen kann, wie das Übersetzen. Dabei muß man das Original so sorgfältig auseinandernehmen wie der Uhrmacher den Wecker, den er reparieren will, und hinterher muß man es in der eigenen Sprache wieder zusammenbauen. Dabei kommt man dem Verfasser auf seine geheimsten Schliche!
Nun könnten wir uns natürlich gleich an irgendeinen Klassiker heranmachen, der im englischen Lesebuch steht. Aber wer wollte sich schon mit Shakespeare anlegen! Wir suchen uns lieber einen Dichter aus, der immer sehr bescheiden aufgetreten ist: Mr Edward Lear, den Erfinder des Limericks. Richtig, den Limerick hatten wir in unserem Baustellen-Kapitel ganz vergessen! Er besteht aus fünf Zeilen und geht so:

> There was an Old Man with a gong, (a)
> Who bumped at it all day long; (a)
> But they called out, »O law! (b)
> You're a horrid old bore!« (b)
> So they smashed that Old Man with a gong. (a)

Das Reim- und das Strophenschema sind für uns natürlich kein Problem. Eins fällt dabei allerdings auf: in der ersten Zeile wird immer ein Ort der Handlung genannt. Außerdem muß die letzte Zeile genauso enden wie die erste, so daß sich *gong* unerbittlich auf *gong* reimt! Und was noch viel schlimmer ist: zu jedem Limerick hat Mr Lear ein Bildchen gezeichnet:

Also muß die Übersetzung nicht nur zum Text, sondern auch noch zu der Zeichnung passen. Das geht aber nur, wenn der Übersetzer mogelt. Wie hat er das wohl hingekriegt? So:

Dieser ältere Herr aus Hongkong
schlug Tag und Nacht seinen Gong,
bis sieben Weise
ihn mahnten: »Sei leise!«
Da ward es ganz still in Hongkong.

Wer will jetzt sein Glück mit einem anderen Limerick probieren? Zum Beispiel mit diesem:

There was an Old Person of Chester,
Whom several small children did pester;
They threw some large stones,
Which broke most of his bones,
And displeased that Old Person of Chester.

Eine Warnung und ein paar Tips: Mit einer wörtlichen Übersetzung werdet ihr bei diesem Verschen nicht weit kommen. Hier ist ziemlich viel Übermut angesagt. Hauptsache, es kommt 1. ein richtiger Limerick dabei heraus, und 2., das Resultat paßt zu der wunderbaren Zeichnung von Edward Lear. 3. würde ich an eurer Stelle mit dem Ort der Handlung anfangen. Auf *Chester* reimt sich nicht allzuviel. *Bester? Semester? Schwester? Orchester?* Das alles paßt nicht zu der Geschichte, die das Bild erzählt. Also müßten wir einen andern Ort wählen, an dem der ältere Herr zu Hause ist, je nachdem, welche Verben wir für die Handlung brauchen. Ein paar Vorschläge: *Leinen/Steinen*, oder *Meißen/schmeißen*, oder *München/lynchen*. Vielleicht fällt euch ja was Besseres ein? Nur zu!

Kam's bei den Limericks darauf an, daß die Verse zu den Bildern passen, so hat der Übersetzer ein ganz anderes Problem, wenn es um einen Song-Text geht. Da muß er zuallererst die Musik im Kopf haben, sonst nützt ihm das dickste Wörterbuch nichts. (Deswegen machen die meisten deutschen Songbooks, egal ob es um die Beatles oder die Stones geht, einen ziemlich hilflosen Eindruck.) Also im Zweifelsfall lieber sich nicht an den Wortlaut klammern! Ein wenig Frechheit kann nicht schaden, auch dann nicht, wenn es sich um ein Lied handelt, das jeder kennt – wie Bob Dylans unsterbliches *Blowin' in the Wind:*

How many roads must a man walk down,
Before you call him a man?
Yes, and how many seas must a white dove sail,
Before she sleeps in the sand?
Yes, and how many times must cannonballs fly,
Before they're forever banned?
The answer, my friend, is blowin' in the wind,
The answer is blowin' in the wind …

How many times must a man look up,
Before he can see the sky?
How many ears must one man have,
Before he can hear people cry?
How many deaths will it take till he knows
That too many people have died?
The answer, my friend, is blowin' in the wind,
The answer is blowin' in the wind …

Am besten, man fängt mit dem Refrain an. Auf »Wind« reimt sich im Deutschen ja allerhand. Ansonsten braucht man es mit dem Reimen nicht allzu eng zu sehen; Dylan läßt dabei selber alle fünfe gerade sein (man/sand, cry/died). Hauptsache, man kriegt die Stimmung und den *drive* hin. Am besten geht das Übersetzen mit dem Kopfhörer!

Ob diese beiden Proben allerdings der richtige Anfang für eine Übersetzer-Karriere waren? Das glaube ich kaum. Denn normalerweise sollte sich ein poetischer Dolmetscher so eng wie nur irgend möglich an das Original halten. Unverschämtheiten wie bei unserem Limerick und Schummeleien wie beim Song sind da streng verboten! Versuchen wir es also mit einem »seriösen« Gedicht. Und diesmal wollen wir uns wirklich an die Spielregeln halten. Das ist bei einem reimlosen Text gar nicht so schwer. Hier kann man, mit einigem Geschick, beinahe Wort für Wort übersetzen:

This Is Just to Say

I have eaten
the plums
that were in
the icebox

and which
you were probably
saving
for breakfast

Forgive me
they were delicious
so sweet
and so cold

NUMMER SIEBEN: ***Die Ballade.*** Ihr erinnert euch: das ist ein Gedicht, in dem eine Geschichte erzählt wird. Zur Erinnerung ein paar Anfangszeilen:

Es waren zwei Königskinder …

Wer reitet so spät durch Nacht und Wind …

Ich weiß nicht, was soll es bedeuten …

Und der Haifisch, der hat Zähne …

Viel gesungen und viel auswendig gelernt, standen die Balladen schon auf den Charts, als es noch gar keine Charts gab. Was heute dann und wann im Schlagergeschäft endet, wurde früher auf dem Jahrmarkt vorgetragen. Ein spätes Echo solcher *Moritaten* ist in Christa Reinigs *Ballade vom blutigen Bomme* zu hören:

[…] AUFstehn kurz vor morgengrauen
das schlägt BOMME ins verdauen
und da friert er reibt die hände
konzentriert sich auf das ende
möchte gar nicht so sehr beten
lieber schnell aufs klo austreten
doch dann denkt er: einerlei
das geht sowieso vorbei

VON ZWEI PEINLICHEN VERFAHREN
KANN ER EINS AM ANDERN SPAREN

WÄRE mutter noch am leben
würde es auch tränen geben
aber so bleibt alles sachlich
BOMME wird ganz amtlich-fachlich
ausgestrichen aus der liste
und gelegt in eine kiste
nur ein sträfling seufzt dazwischen
denn er muß das blut aufwischen

BITTE HERRSCHAFTEN VERZEIHT
SOLCHE UNANSTÄNDIGKEIT
DOCH WER MEINT DAS STÜCK WAR GUT
LEGT EIN' GROSCHEN IN DEN HUT

So, und jetzt geht's los mit dem Selbermachen. Den Stoff sucht ihr euch in der Zeitung, dort, wo die Kleinen Meldungen stehen. Nur als Probe zwei Fundstücke aus der heutigen *F.A.Z.*:
»Im Opernhaus von La Plata (Argentinien) mußte eine Aufführung von Puccinis *La Bohème* wegen eines Streiks verschoben werden. Als schließlich doch gespielt werden konnte, verletzte sich der Tenor bei einem Sturz. Ohne zu zögern, übernahm der Hobby-Sänger Antonio Griecco die Hauptrolle. Heldenhaft überwand er seine Nervosität. So war er für die lungenkranke Mimi, die Heldin des Stückes, zum Lebensretter geworden. Griecco ist im Hauptberuf Arzt. Obwohl seine Stimme nicht ganz auf der Höhe war, dankte ihm das Publikum mit stehenden Ovationen.«
Oder wie wäre es mit dieser Meldung:
»Fritz Pawelzik, ein ehemaliger Bergmann aus einer Zeche in Herne, wurde als deutscher Rentner zum Herrscher über 30 000 Untertanen. Die Mutter des Stammeshäuptlings der Ashanti in Ghana, Westafrika, hatte in ihm die wiedergeborene Seele ihres geliebten verstorbenen Sohnes entdeckt. Seitdem lebt Pawelzik alljährlich drei Monate lang als Nana Kofie Maafo der Zweite, was auf deutsch soviel heißt wie ›Häuptling Freitag der Starke‹ in Ghana.«

Es wäre doch gelacht, wenn sich aus diesem Material nicht eine schöne, möglichst gereimte Ballade machen ließe. Wer's schafft, ist mindestens schon ein halber Dichter.
Ob es zum ganzen reicht, ist natürlich schwer zu sagen. Denn ein Geheimnis der Lyrik ist in unserem kleinen Schnellkurs noch gar nicht vorgekommen. Das ist der *Tonfall*. Den kann keine Theorie auf Flaschen ziehen. Daran beißen sich alle Kritiker die Zähne aus. Das ist wie bei einem genialen Trompeter, wie der Sound von Miles Davis, den ihm kein anderer Musiker nachmacht. Das soll nicht heißen, daß der Versuch strafbar wäre. Schließlich lernen wir die wichtigsten Dinge im Leben durch Nachahmung: Essen, Sprechen, Tanzen, Lügen, Kochen, Schwimmen … Warum sollte es beim Dichten anders sein?

Aber wenn es auf die Dauer bei der bloßen Imitation bleibt, kommt immer nur dasselbe dabei heraus, bloß schlechter, immer schlechter! In der Literatur nennt man solche Nachäffer *Epigonen*, das ist griechisch und heißt »Nachgeborene«. Alles nicht so schlimm! Vermutlich sind mindestens zwei Drittel aller Schriftsteller Epigonen. Schlimm wird's erst, wenn sie gar nicht merken, was mit ihnen los ist.
Jedenfalls, die eigene, unverwechselbare Stimme kann einem kein Vorbild und keine Schule beibringen. Zum Beweis folgt hier ein kleiner Test. Wer schon viele Gedichte im Ohr hat, dem wird es nicht schwerfallen zu erraten, von wem die folgenden Verse sind:

Mir träumt': ich bin der liebe Gott
Und sitz im Himmel droben,
Und Englein sitzen um mich her,
Die meine Verse loben. […]
Doch Langeweile plagt mich sehr,
Ich wollt, ich wär auf Erden,
Und wär ich nicht der liebe Gott,
Ich könnt des Teufels werden.

Aber silbern
An reinen Tagen
Ist das Licht. Als Zeichen der Liebe
Veilchenblau die Erde.
Zu Geringem auch kann kommen
Großer Anfang.

Ich habe mich oft gefragt und keine Antwort gefunden,
woher das Sanfte und das Gute kommt,
weiß es auch heute nicht und muß nun gehn.

Über dem Tor zur Universität von Salamanca steht ein alter Spruch geschrieben: »Was die Natur dir nicht gegeben hat, kann Salamanca dir

nicht geben.« Das gilt auch fürs Gedichteschreiben. Selber machen ist schön, hat aber seine Grenzen.
Na und? Muß es denn immer gleich ein Meisterwerk sein, was wir zu Papier bringen? Aber nein! Man kann es gar nicht oft genug sagen: Wer sich einschüchtern läßt, ist selber schuld.

Und was fangen wir nun mit unseren gesammelten Werken an? Will sie überhaupt jemand haben? Sollen wir sie drucken lassen? Und wenn ja, wo?
Auf diese Frage gibt es viele Antworten. Man könnte es mit einem der großen Verlage probieren. Aber oft kommen die eingesandten Manuskripte mit einem Schemabrief zurück; dann ist der Verfasser meistens beleidigt. Vielleicht tut es auch eine Zeitschrift? Oder man stellt sein Gedicht einfach ins Internet. Das kostet nichts, ganz im Gegensatz zum Druck auf eigene Rechnung. Bloß nicht auf obskure Anzeigen hereinfallen, in denen obskure Verlage angeblich dringend Autoren suchen! Das sind Abzocker, die erst einmal ein paar Tausender verlangen, und dann kommt eines Tages eine Palette mit Büchern an, die der unglückliche Autor sich in den Keller legen kann, denn in eine Buchhandlung werden sich diese Exemplare nie verirren.
Muß man denn alles veröffentlichen? Nöö. Die Lyrik ist das einzige Massenmedium, bei dem es mehr Produzenten als Konsumenten gibt. Das finden viele Dichter sehr betrüblich, ebenso wie die Tatsache, daß mit Gedichten kaum Geld zu verdienen ist. Aber vielleicht ist gerade das das Schöne an der Lyrik, daß sie unrentabel ist. Ein Luxus sondersgleichen! Da können die Konzerne einpacken. Machtlos müssen sie mit ansehen, wie die Poesie, Globalisierung hin oder her, zäh und glücklich weiter blüht und gedeiht.

ANHANG

EIN PAAR BÜCHER FÜR DIE, DIE ES NOCH GENAUER WISSEN WOLLEN:

Allerleirauh. Viele schöne Kinderreime. Versammelt von Hans Magnus Enzensberger. Frankfurt am Main: Suhrkamp 1971 u.ö. Seit 2012 Berlin: Insel Verlag.

Allgemeines deutsches Reimlexikon. Herausgegeben von Peregrinus Syntax. Mit einer Gebrauchsanweisung von Hans Magnus Enzensberger. Zwei Bände. Frankfurt am Main: Insel 1982, ²1993. Vergriffen.

Gerhard Grümmer, *Spielformen der Poesie.* Leipzig: Bibliographisches Institut ²1988. Vergriffen.

Friedrich Kluge, *Etymologisches Wörterbuch der deutschen Sprache.* Berlin: De Gruyter 1989. 25. Auflage 2011.

Gustav Muthmann, *Rückläufiges deutsches Wörterbuch. Handbuch der Wortausgänge im Deutschen, mit Beachtung der Wort- und Lautstruktur.* Tübingen: Niemeyer ²1991. 3. Auflage 2001.

Wolfgang Pfeifer, *Etymologisches Wörterbuch des Deutschen.* München: dtv 1995 u.ö. Vergriffen.

Peter Rühmkorf, *Über das Volksvermögen. Exkurse in den literarischen Untergrund.* Reinbek: Rowohlt 1967 u.ö.

Peter Rühmkorf, *agar agar – zaurzaurim. Zur Naturgeschichte des Reims und der menschlichen Anklangsnerven.* Reinbek: Rowohlt 1981 u.ö.

Andreas Thalmayr, *Das Wasserzeichen der Poesie oder Die Kunst und das Vergnügen, Gedichte zu lesen.* Nördlingen: Greno 1985, Frankfurt am Main: Eichborn ⁹2001. Vergriffen, Neuauflage in Vorbereitung.

Christian Wagenknecht, *Deutsche Metrik. Eine historische Einführung.* München: Beck 1981. 5. Auflage 2007.

Und im Netz:

www.gereimt.de
www.lyrikline.org
http://gutenberg.spiegel.de
http://poetry.eserver.org

QUELLENVERZEICHNIS

Seite 6:

Der Aufsatz handelt von dem Gedicht *Der Panther* von Rainer Maria Rilke. In: *Werke. Kommentierte Ausgabe in vier Bänden.* Band 1. Frankfurt am Main und Leipzig: Insel 1996.

Seiten 8, 9:

Analysieren Sie …

Bernard Asmuth, *Aspekte der Lyrik.* Mit einer Einführung in die Verslehre. Düsseldorf: Westdeutscher Verlag 1984.

Die beiden ausgeschnittenen Texte stammen aus Andreas Thalmayrs Sammlung unverdaulicher Schriften zur Poesie; der Autor verbürgt sich für ihre Echtheit.

Seiten 10, 11:

Molière, *Der Bürger als Edelmann,* II,4. Deutsch von Andreas Thalmayr.

Seite 12:

Nacht ist wie ein stilles Meer …

Joseph von Eichendorff, *Die Nachtblume.* In: *Werke in einem Band.* München: Hanser 1997.

Die Aufstellung …

Aus: Peter Handke, *Die Innenwelt der Außenwelt der Innenwelt.* Frankfurt am Main: Suhrkamp 1969.

Seite 13:

Ochse, deutscher Jüngling …

Heinrich Heine, *Sämtliche Schriften.* Band 1. München: Hanser 1998. Das Gedicht ist nicht betitelt und dem Schriftsteller Friedrich Steinmann gewidmet.

Seite 14:

Der Tor, der lahmt …

Joseph von Eichendorff, *Symmetrie.* A. a. O.

Seite 15:

Morgenrot …

Wilhelm Hauff, *Reiters Morgenlied.* In: *Sämtliche Werke.* München: Winkler 1970. In Hauffs Gedicht steht das »Morgenrot« nur einmal; hier ist die Liedversion zitiert, wo es wiederholt wird.

Und es wallet …

Friedrich Schiller, *Der Taucher.* In: *Sämtliche Werke.* Band 1. München: Hanser 1998.

Christian Morgenstern, *Fisches Nachtgesang.* In: *Gesammelte Werke in einem Band.* München: Piper 1965. Die Unterzeile stammt vom Dichter selbst.

Seiten 16, 17:

Hans Arp, *sekundenzeiger.* In: *wortträume und schwarze sterne. auswahl aus den gedichten der jahre 1911–1952.* Wiesbaden: Limes 1953. © 1953, 1963 Limes Verlag in der F. A. Herbig Verlagsbuchhandlung, München.

Kennst du das Land …

Johann Wolfgang von Goethe, *Mignon.* In: *Sämtliche Werke nach Epochen seines Schaffens.* Band 5. München: Hanser 1988. Das Gedicht stammt aus Goethes autobiographischem Roman *Wilhelm Meisters Lehrjahre*; der Titel *Mignon* – nach einer Figur des Romans – wurde später hinzugefügt.

Seite 18:

Lache nicht, lache nicht …

Die traurig prächtige Braut. In: *Des Knaben Wunderhorn. Alte deutsche Lieder. Gesammelt von Achim von Arnim und Clemens Brentano.* Frankfurt am Main und Leipzig: Insel 2003.

Heiße Magister …

Johann Wolfgang von Goethe, *Faust I.* A. a. O. Band 6.1.

Seiten 19, 20:

Peter Weiss, *Die Verfolgung und Ermordung Jean Paul Marats, dargestellt durch die Schauspielgruppe des Hospizes zu Charenton unter Anleitung des Herrn de Sade.* Frankfurt am Main: Suhrkamp 1964.

Mary Stirnemann-Zysset, *Seltsame Rettung.* In: *Sonnenschein im täglichen Leben.* Eigenverlag der Verfasserin 1936.

Seite 21:

Sage mir, Muse …

Homer, *Odyssee.* Hier zitiert in der Übersetzung von Johann Heinrich Voß. Frankfurt am Main und Leipzig: Insel 2002.

Seite 22:

Stefan George, *O mutter meiner mutter und Erlauchte.* In: *Hymnen, Pilgerfahrten, Algabal.* Berlin: Bondi 1899.

Seiten 24, 25:

Edward Lear, *Der Hadschi von Qass.* In: *Kompletter Nonsens.* Ins Deutsche geschmuggelt von Hans Magnus Enzensberger. Frankfurt am Main: Insel 1977.

LTU, TNT *und* IRA …

Texte von Pop-Songs findet man, wenn man sie beim Hören nicht oder nicht ganz versteht, im Internet, meistens unter dem Namen der Band.

Seite 27:

Die Lehren …

Selbst gereimt von Andreas Thalmayr.

Seiten 28, 29:

Die schönsten Verse …

Aus: Peter Rühmkorf, *Gesammelte Gedichte.* Reinbek: Rowohlt 1976.

Lewis Carroll, *Jabberwocky.* In: *Through the Looking-Glass and What Alice Found There.* London: Macmillan 1871.

Deutsch: *Der Zipferlake.* In: *Alices Abenteuer: Alice im Wunderland* und *Alice hinter den Spiegeln.* Deutsch von Christian Enzensberger. Frankfurt am Main und Leipzig: Insel 2001.

Seite 30:

Eine starke, schwarze Barke …

Heinrich Heine, *Childe Harold.* A. a. O. Band 4.

Im Lenzen, da glänzen …

Johann Klaj, *Vorzug des Frühlings.* In: *Der Pegnitz Hirten Frülings Freude.* Nürnberg: Endter 1645.

Seite 31:

Kehr um, kehr um …

Aus dem Märchen *Der Räuberbräutigam*. In: *Kinder- und Hausmärchen gesammelt durch die Brüder Grimm*. Frankfurt am Main: Insel 1984.

Friederike Kempner, *Gedichte*. Berlin: Siegismund 1903.

Seite 32:

Und sie, die nach Ägypten …

Ossip Mandelstam, *Vom zweiten bis zum sechsten Tage*. In: *Drei russische Dichter. Alexander Blok, Ossip Mandelstam, Sergej Jessenin*. Deutsch von Paul Celan. Frankfurt am Main: © S. Fischer 1963.

Als die Nacht …

Clemens Brentano, *Romanzen vom Rosenkranz (XII)*. In: *Werke*. Band 1. München: Hanser 1978.

Es sang vor langen Jahren …

Clemens Brentano, *Der Spinnerin Nachtlied*. A. a. O.

Seite 33:

Ernst Jandl, *ottos mops*. In: *poetische werke*. Hrsg. von Klaus Siblewski. Band 4. München: © Luchterhand, Verlagsgruppe Random House 1997.

Seite 34:

Ben zi bena …

Aus den *Merseburger Zaubersprüchen*. In: *Althochdeutsche Literatur*. Ausgewählte Texte mit Übertragungen und Anmerkungen. Frankfurt am Main: S. Fischer 1970.

Günter Eich, *Bundeseck*. In: *Gesammelte Werke*. Band 1. Frankfurt am Main: Suhrkamp 1973

Seite 36:

Korf liest gerne …

Christian Morgenstern, *Die Brille*. A. a. O.

Seite 37:

Wissenschaft …

Aus: *Xenien von Goethe und Schiller*. In: Johann Wolfgang von Goethe, a. a. O. Band 4.1.

Am alten Weiher … / Den Mond im Fenster …

Hausgemachte Versionen von Andreas Thalmayr, der, wie die meisten Übersetzer, kein Japanisch kann.

Seiten 39, 40:

Das gellende Lachen …

Heinrich Heine, *Belsatzar.* A. a. O. Band 1.

Das Schiff geborsten …

Theodor Fontane, *John Maynard.* In: *Werke, Schriften und Briefe.* Band 6. München: Hanser 1996.

Was riecht hier so …

Bertolt Brecht, *Apfelböck oder Die Lilie auf dem Felde.* In: *Gesammelte Werke.* Band 8. Frankfurt am Main: Suhrkamp 1990.

There were three ravens …

The Three Ravens. In: Francis J. Child, *The English and Scottish Popular Ballads.* Reprint. Vol. 1. Northfield, Minnesota: Loomis House 2001.

Seiten 41, 42:

Andreas Gryphius, *Menschliches Elende.* In: *Deutsche Dichtung des Barock.* München: Hanser 1979.

Christian Hofmann von Hofmannswaldau, *Er schauet der Lesbie durch ein Loch zu.* In: *Herrn von Hofmannswaldau und anderer Deutschen auserlesener und bißher ungedruckter Gedichte erster Theil.* Leipzig: Fritsch 1695.

Seiten 42, 43:

Robert Gernhardt, *Materialien zu einer Kritik der bekanntesten Gedichtform italienischen Ursprungs.* In: *Wörtersee. Gedichte und Bildgedichte.* Frankfurt am Main: Zweitausendeins 1981. © Robert Gernhardt 1981. Alle Rechte vorbehalten S. Fischer, Frankfurt am Main.

Seiten 43, 44:

Am Gartenzaun …

Hans Magnus Enzensberger, *Alte Heimat.* In: *Leichter als Luft. Moralische Gedichte.* Frankfurt am Main: Suhrkamp 1999.

Seite 45:

They are all …

Edward Arlington Robinson, *The House on the Hill.* In: *Collected Poems.* London: Palmer 1922.

Seite 46:

August Graf von Platen, *Neue Ghaselen.* Erlangen: Selbstverlag 1823.

Seite 48:

Rainer Maria Rilke, *Der Sänger singt vor einem Fürstenkind.* A. a. O.

Seite 49:

Gottfried Benn, *Kleine Aster.* In: *Sämtliche Gedichte.* Stuttgart: Klett-Cotta 1998. Hier zitiert nach der ersten Fassung in: *Morgue und andere Gedichte.* Berlin: Meyer 1912; in späteren Fassungen ist »Bauchhöhle« durch »Brusthöhle« ersetzt.

Seite 50:

Wer geht da … / Who goes there …

Walt Whitman, *Song of Myself (20).* In: *Leaves of Grass.* New York: Dutton 1947. Deutsch von Andreas Thalmayr.

Während der Staatshaushalt … / Pendant que les fonds …

Arthur Rimbaud, *Phrases.* In: *Œvres complètes.* Paris: Gallimard 1954. Deutsch von Andreas Thalmayr.

Chimene …

Pierre Corneille, *Der Cid.* Deutsch von Arthur Luther. Stuttgart: Reclam 1957.

Seite 51:

Friedrich Schiller, *Don Carlos.* V.3. A. a. O. Band 2.

Helft euch selber …

Aus: Bertolt Brecht, *Über reimlose Lyrik mit unregelmäßigen Rhythmen.* A. a. O. Band 19.

Seite 52:

1 2 3 4 …

Siehe Anmerkung zu Seite 25.

Seite 53:
weißt du sagt robert …
Frank-Wulf Matthies, *Ausflug.* In: *Für Patricia im Winter.* Reinbek: Rowohlt 1981.

Seiten 54, 55:
Bog man ums …
Mirko Bonné, *Hibiskus Code.* Köln: DuMont 2003.
Ernst Jandl, *schtzngrmm.* A. a. O. Band 2.

Seite 56:
Guillaume Apollinaire, *Il pleut.* In: *Calligrammes.* Paris: Mercure de France 1918. Deutsch von Andreas Thalmayr.

Seiten 57, 58:
Christian Morgenstern, *Die Trichter.* A. a. O.
Unica Zürn, *Tausend Zaubereien.* In: *Gesamtausgabe.* Band 1: Anagramme. Berlin: Brinkmann & Bose 1988.

Seite 60:
Der Regen … / Im Salon …
Aus: Adam Zagajewski, *Mystik für Anfänger.* Deutsch von Karl Dedecius. München: Hanser 1997.
Wassermelonen … / Schlaflosigkeit …
Aus: Charles Simic, *Ein Buch von Teufeln und Göttern.* Deutsch von Hans Magnus Enzensberger. München: Hanser 1993.

Seite 61:
doch hier sind …
Pablo Neruda, *Die Raserei und die Qual.* In: *Die Raserei und die Qual. Gedichte.* Deutsch von Hans Magnus Enzensberger. Frankfurt am Main: Suhrkamp 1986.
Bitterer Arbeit Abendstirn …
Albert Ehrenstein, *Ruhm.* In: *Die weiße Zeit.* München: Müller 1914.
Aus den Toren …
Franz Werfel, *Lächeln Atmen Schreiten.* In: *Einander. Oden, Lieder, Gestalten.* Leipzig: Wolff 1915.

Seite 62:

Nicht mehr brüllt es …

Giuseppe Ungaretti, *Finale.* In: *Das verheißene Land. Das Merkbuch des Alten.* Deutsch von Paul Celan. Frankfurt am Main: Insel 1968.

Lustig zum Felde …

Siegmund von Birken, *Des ehrliebenden Floridans lustiges Herbst- und Liebeslied.* In: *Pegnesis: oder Der Pegnitz Blumengenoß-Schäfer Feld-Gedichte in neun Tagzeiten.* Nürnberg: Felßecker 1673-1679.

Seiten 63, 64:

Dieses ist das Bild …

Johann Wolfgang Goethe, *In das Stammbuch von Friedrich Maximilian Moors.* A. a. O. Band 1.1.

1. Setzen Sie sich …

Bertolt Brecht, *Zum Lesebuch für Städtebewohner gehörige Gedichte (9).* A. a. O. Band 8.

Seite 65:

Guillaume Apollinaire, *Es gibt.* Deutsch von Gerd Henniger. In: *Poetische Werke.* Neuwied und Berlin: Luchterhand 1969.

Bertolt Brecht, *Über die Städte.* A. a. O. Band 8. In etwas anderer Form auch in dem Stück *Aufstieg und Fall der Stadt Mahagonny.* A. a. O. Band 2.

Seiten 66, 67:

Bei dem berühmten Ausbruch …

Hans Magnus Enzensberger, *Der Aufschub.* In: *Der Untergang der Titanic.* Frankfurt am Main: Suhrkamp 1978.

Ich irre …

Andreas Gryphius, *An den Heiligen Geist.* In: *Deutsche Lyrik des Barock.* A. a. O.

In Liebeskampf …

Clemens Brentano, *Verzweiflung an der Liebe in der Liebe.* A. a. O.

Seiten 67, 68:

Paul van Ostaijen, *Alpenjägerlied.* In: *Poesie.* Deutsch von Klaus Reichert. Frankfurt am Main: Suhrkamp 1966.

Seiten 68, 69:

Kurt Schwitters, *2 Herren.* In: *Das literarische Werk.* Band 2. Köln: Dumont 1998.

Seiten 69, 70:
Molière, *Der Menschenfeind.* 1. Akt. Deutsch von Hans Magnus Enzensberger. Frankfurt am Main: Insel 1979.

Seite 70:
Nicanor Parra, *Verliebtes Gespräch.* Deutsch von Hans Magnus Enzensberger. In: *Und Chile ist eine Wüste. Poesie und Antipoesie.* Wuppertal: Hammer 1975.

Seite 71:
Gottfried Benn, *1886.* A. a. O.

Seite 72:
Das ist die Not …
Adelbert von Chamisso, *Kanon.* In: *Sämtliche Werke.* Band 1. München: Hanser 1982.
das was war …
Andreas Thalmayr, *Konkrete Poesie.* In: *Das Wasserzeichen der Poesie oder Die Kunst und das Vergnügen, Gedichte zu lesen.* Nördlingen: Greno 1985.

Seite 73:
Heinz Gappmayr, *zeichen III.* In: *konkrete poesie.* Stuttgart: Reclam 2001.

Seite 76:
Singet leise …
Clemens Brentano, *Lureley.* A. a. O.

Seiten 77, 78:
Rolf Dieter Brinkmann, *Ein Gedicht.* In: *Westwärts 1 & 2. Gedichte.* Reinbek: Rowohlt 1975.
Hugo Ball, *Karawane.* In: *Dada-Almanach.* Im Auftrag des Zentralamtes der deutschen Dada-Bewegung herausgegeben. Berlin: Reiss 1920.

Seiten 79, 80:
Ezra Pound, *Pisaner Cantos LXXIV–LXXXIV.* Herausgegeben und übertragen von Eva Hesse. Hier zitiert: *LXXX.* Zürich: © Arche 1956, 2002.

Seite 81:

Johannes R. Becher, *Danksagung.* In: *Schritt der Jahrhunderte. Neue Dichtungen.* Berlin und Weimar: Aufbau 1958.

Seite 83:

Bertolt Brecht, *Naturgedichte 2 (Augsburg).* A. a. O. Band 9.

Seite 85:

Wenn ein Buch …

Georg Christoph Lichtenberg, *Sudelbücher:* D 399. In: *Schriften und Briefe.* Band 1. München: Hanser 1968.

Seite 86:

Jakob van Hoddis: *Weltende.* In: *Dichtungen und Briefe.* Zürich: Arche 1987. © Erbengemeinschaft Jakob van Hoddis.

Seite 89:

zwei Socken …

Pablo Neruda, *Ode an meine Socken.* In: *Dichtungen 1919–1965.* Deutsch von Erich Arendt. Neuwied und Berlin: Luchterhand 1967.

Seite 90:

Am Brunnen steh ich …

Joseph von Eichendorff, *Rückkehr.* A. a. O.

Seite 91:

Die Zeit schwingt sich …

Aus: Walter Benjamin, *Denkbilder.* In: *Gesammelte Schriften.* IV, 2. Frankfurt am Main: Suhrkamp 1972.

Seite 92:

Das Hauptdeck lag …

Aus: Joseph Conrad, *Der Nigger von der »Narcissus«.* Deutsch von Ernst W. Freißler. Berlin: Fischer 1927.

Seite 93:

Am Anfang hat Herr K. ...

Michael Rutschky in: *TransAtlantik.* November 1981. Das nacherzählte Gedicht *Gründe, das auto zu pflegen* ist von Reiner Kunze. In: *Auf eigene hoffnung. Gedichte.* Frankfurt am Main: S. Fischer 1981.

Seiten 94, 95:

Was bilden wir uns ein ...

Andreas Gryphius, *Tränen in schwerer Krankheit.* In: *Deutsche Dichtung des Barock.* A. a. O.

Francis Ponge, *Das Streichholz.* Deutsch von Gerd Henniger. In: *Lyren. Ausgewählte Werke.* Frankfurt am Main: S. Fischer 1965.

Seiten 96, 97:

There was an Old Man ... / Dieser ältere Herr ...

Aus: Edward Lear, *The Book of Nonsense.* London: Routledge 1861. Deutsch von Hans Magnus Enzensberger in: Edward Lear, *Kompletter Nonsens.* A. a. O.

Seiten 98:

There was an Old Person ...

Aus: Edward Lear, *The Book of Nonsense.* A. a. O.

Seite 99:

Blowin' in the Wind. Musik & Text Bob Dylan. © Special Rider Music. Alle Rechte für Deutschland, Österreich, Schweiz und Osteuropa bei Sony / ATV Music Publishing (Germany).

Seite 100:

William Carlos Williams, *This Is Just to Say.* In: *Der harte Kern der Schönheit.* Ausgewählte Gedichte. Amerikanisch und deutsch. Frankfurt am Main: Suhrkamp 1962.

Seite 101:

Christa Reinig, *Die Ballade vom blutigen Bomme.* In: *Sämtliche Gedichte.* © Verlag Eremiten-Presse 1984.

Seite 103:

Mir träumt' …

Heinrich Heine, *Die Heimkehr.* A. a. O. Band 1.

Aber silbern …

Friedrich Hölderlin, *Griechenland.* Dritter Entwurf. In: *Sämtliche Werke und Briefe.* Band 1. München: Hanser 1992.

Ich habe mich oft gefragt …

Gottfried Benn, *Menschen getroffen.* A. a. O.